近江 旅の本

近江の商人屋敷と旧街道

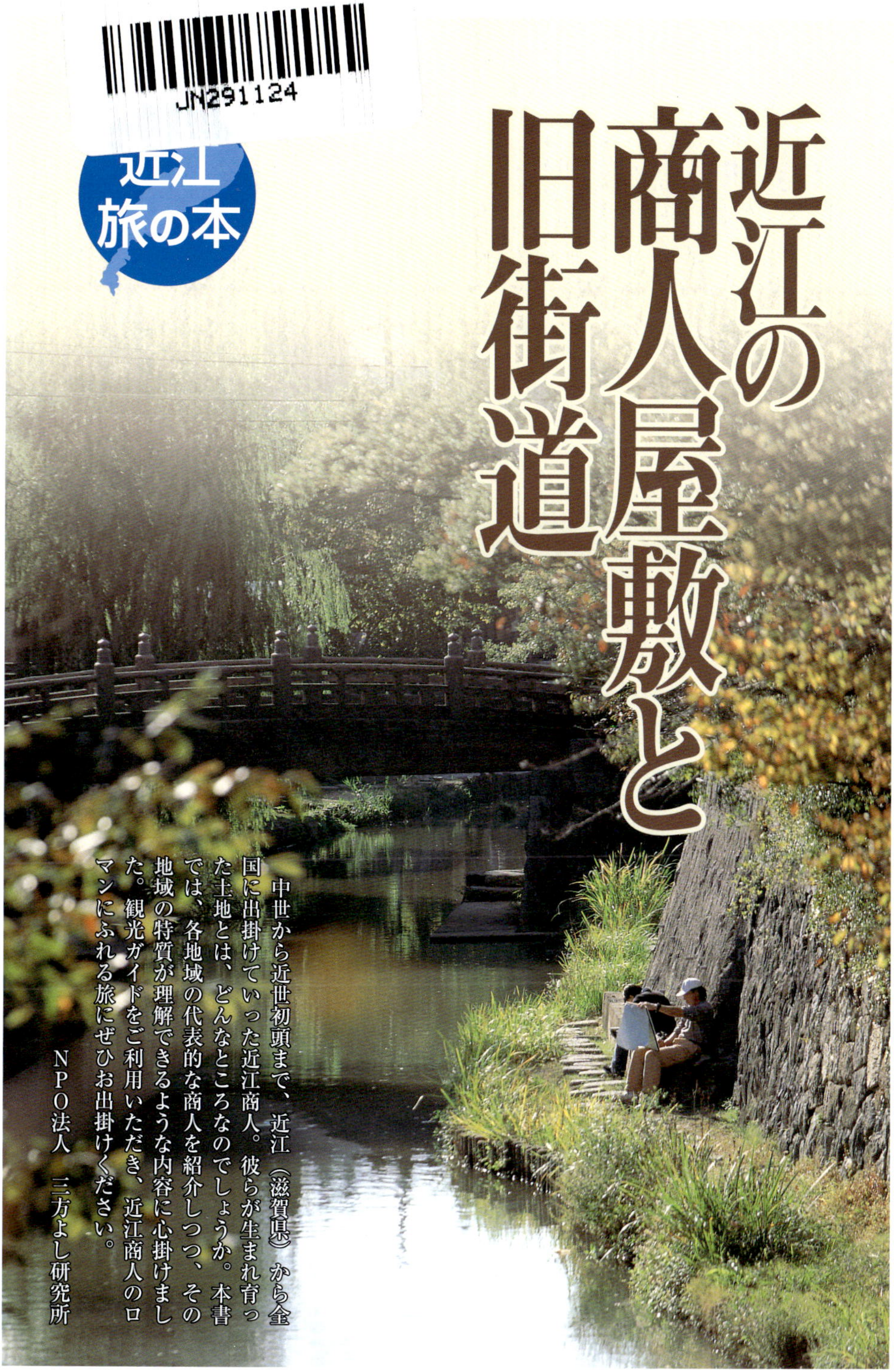

中世から近世初頭まで、近江（滋賀県）から全国に出掛けていった近江商人。彼らが生まれ育った土地とは、どんなところなのでしょうか。本書では、各地域の代表的な商人を紹介しつつ、その地域の特質が理解できるような内容に心掛けました。観光ガイドをご利用いただき、近江商人のロマンにふれる旅にぜひお出掛けください。

NPO法人　三方よし研究所

CONTENTS

目次

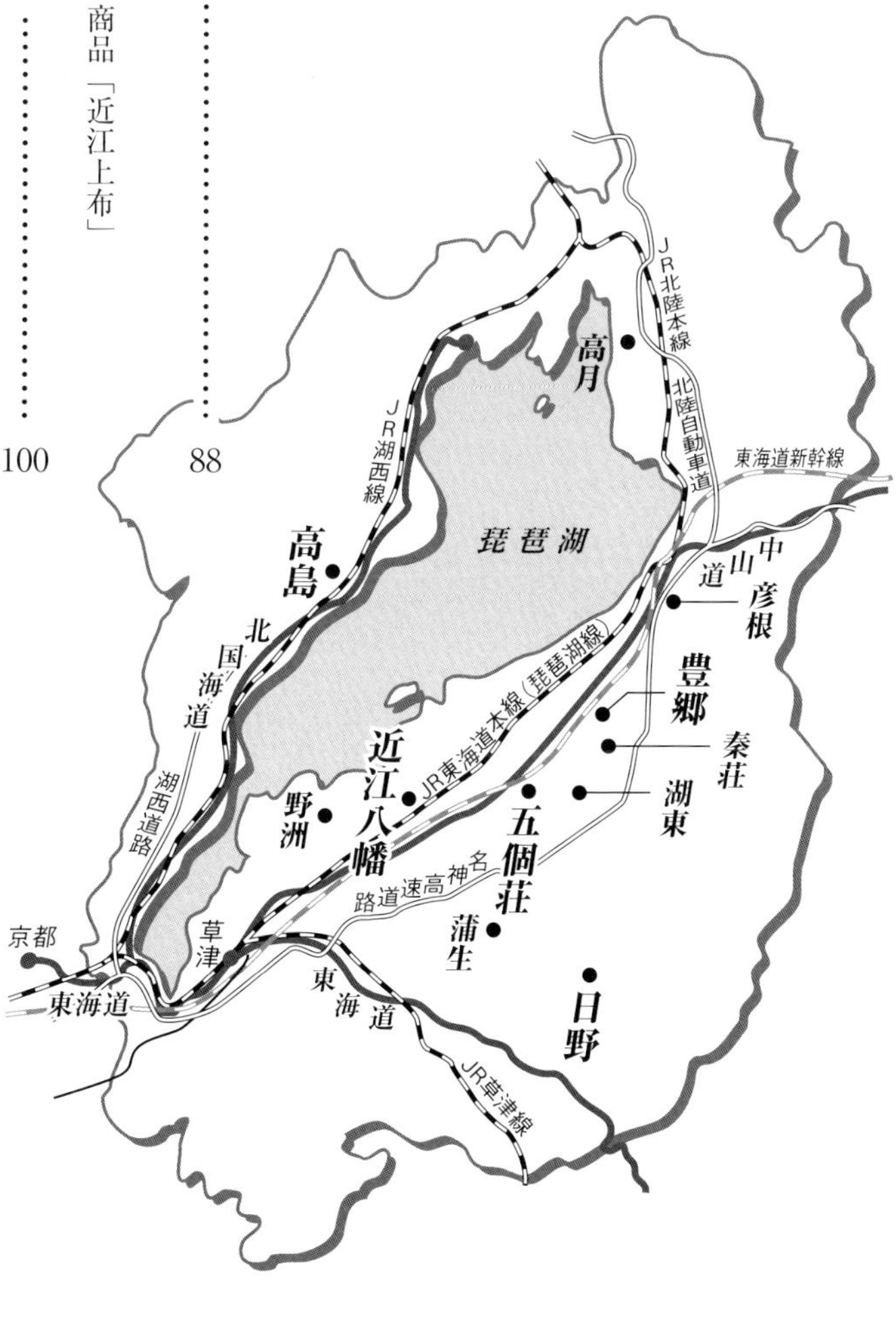
JR北陸本線
北陸自動車道
東海道新幹線
高月
JR湖西線
琵琶湖
高島
中山道
彦根
北国海道
JR東海道本線（琵琶湖線）
豊郷
秦荘
近江八幡
野洲
五個荘
湖東
湖西道路
名神高速道路
京都
草津
蒲生
東海道
日野
JR草津線

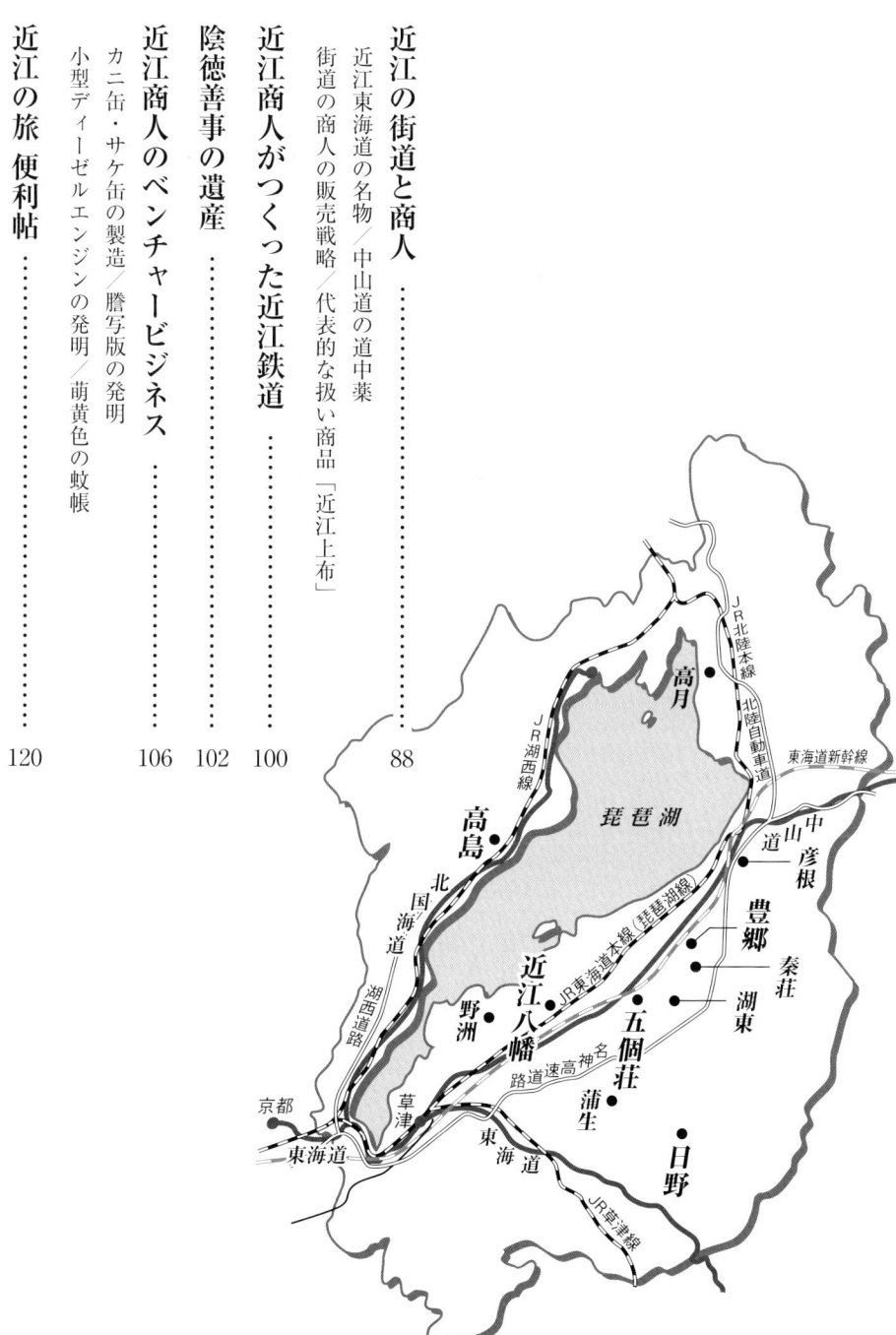

近江商人とは？

⬆山越商人のジオラマ（近江商人博物館）

近江（滋賀県）の出身で、他国で活躍した商人を近江商人とか江州《ごうしゅう》商人と呼ぶ。こうした地名をつけた呼び方は江戸時代中期になって定着したもので、それぞれの商いが、出身地の風土の特徴を反映していたことが知られる。

近江商人の歴史への登場は、定期市が各地に設けられ、売買や貨幣の普及が盛んになる鎌倉・南北朝時代にまでさかのぼる。権利を保証された湖東地方の本座《ほんざ》商人（枝村《えだむら》・横関《よこぜき》）や四《し》本《ほん》商人（小幡《おばた》・保内《ほない》・沓掛《くつかけ》・石塔《いしどう》）、五箇《ごか》商人（小幡・八坂《はっさか》・薩摩《さつま》・田中江《たなかえ》・高島南市《みなみいち》）が存在していた。近江の街道や琵琶

←八日市の山越商人の像

湖の水運を利用して、伊勢や敦賀方面との交易があり、それぞれの商人団の間では権利関係にともなう争いがたびたびあった記録が残る。

　近世には都市と農村とが分離し、はやくから城下町が形成された近江では町場《まちば》としての固定的な店舗が誕生し、城主の保護などにより近世の近江商人の発祥の要因が生まれてきた。江戸時代には全国を商圏に取り込み、明治以後は海外にまで活躍の場を拡大した。出掛けた土地で定着した商人があり、繊維産業を中心に近江系企業が活躍している。

　時代の変化に対応した新しい分野での事業展開を行い、多岐にわたって日本経済の中枢として脈々と近江商人の系譜が現在でも引き継がれている。

「三方よし」とは？

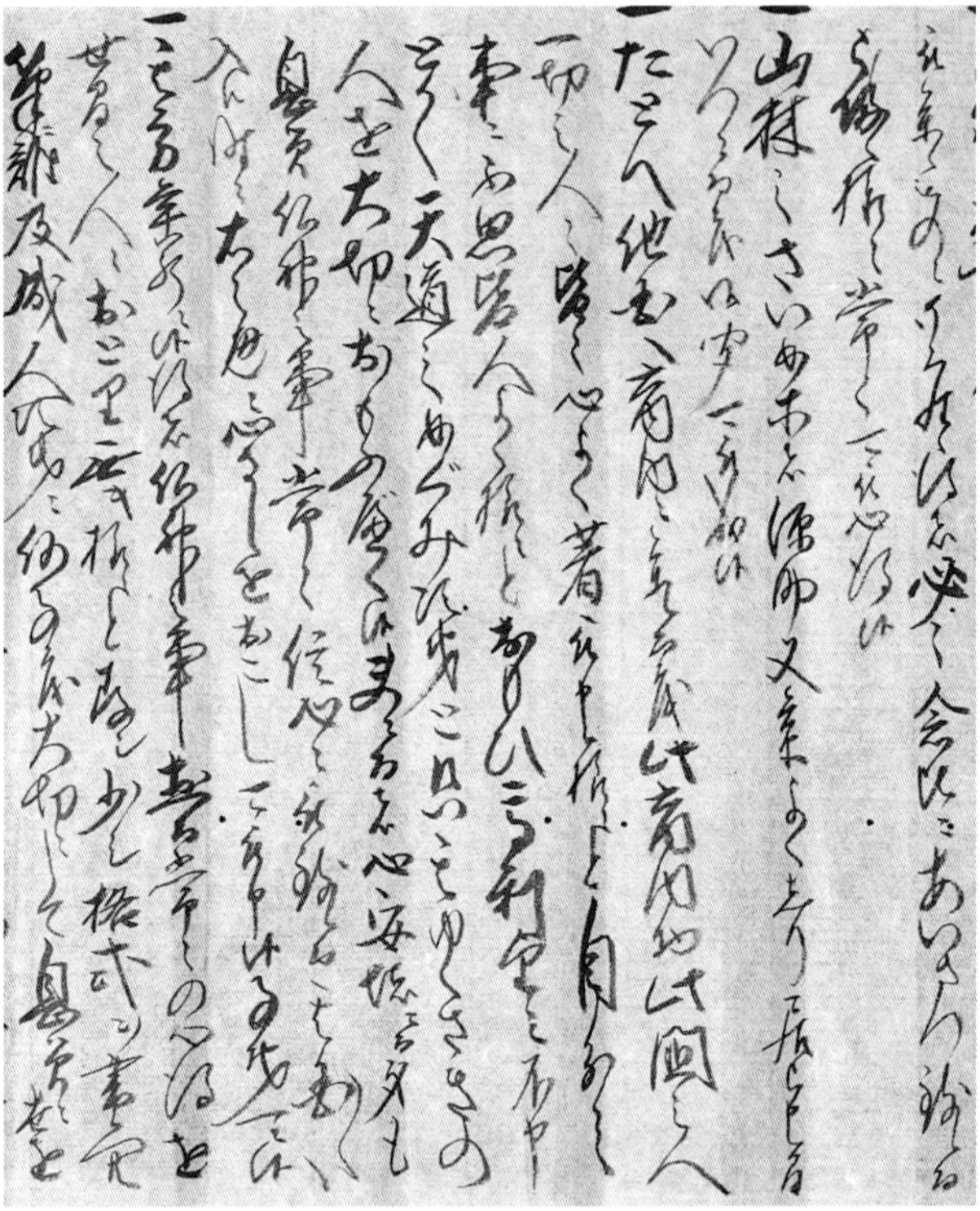

➡五個荘の中村治兵衛の遺言状
宝暦4年（1754）に書かれたもの。近年神戸市在住の子孫宅から発見された長文の中に「他国へ行商するも総て我事のみと思わず、其国一切の人を大切にして、私利を貪ることなかれ、神仏のことは常に忘れざる様にいたすべし」という一文があり、今に伝わる「三方よし」の理念を伝えるものとされる。

「売り手よし、買い手よし、世間よし」の「三方《さんぽう》よし」の理念は社会的貢献をいうもので、物を販売する際の売り手と買い手は双方にとって良いことは常識であるが、さらに「世間よし」とは自分が商いを行う地域にとっても益する行為が大事であるとしている。幕藩体制社会の中、他国に行商に出かけた近江商人は、商い場にとって有益な商いをしていたからこそ、追放されることがなかった。商い場では産業振興に尽くし、独自の「諸国産物回し」という商法によって世間の需給のバランスを図った近江商人は各地で重宝された。出先の土地で経済貢献をすることが、その地域での存在が許可される理由であり「世間よし」が当然となる。

「星」という文字を屋号に使う近江商人が多い。星には２つの意味があり、山の上にきらめく星は起業の意思決定を意味し、一方で朝に星をいだいて店を出て、夜は星を背にして帰るという勤勉を意味している。つまり商人の徳目の第一は「勤勉と節約」に尽きるという。近江商人の倹約には「始末《しまつ》」という言葉がよく使われ、ケチではなく有効的に長期的合理性のある節約が肝要であるとし、得た利益は惜しみなく社会的な事業に出資してきた。

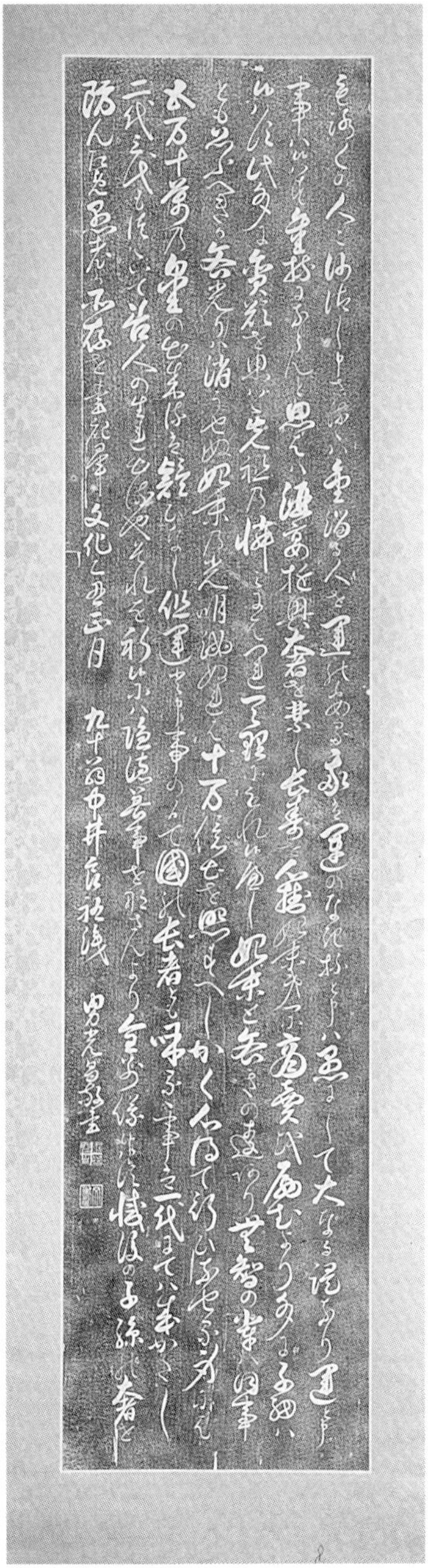

➡金持商人一枚起請文

日野の豪商・中井源左衛門の初代の筆によるもので、近江商人の家訓の代表的なものとされる。90歳の長寿を保ち最後まで店務に関わった源左衛門が、生涯をかけて自らが体得した商売の極意をまとめたもので、私淑する法然上人の一枚起請文にならっている。成功を運の良し悪しで片付けずに努力不足を反省すること。才覚や算用をひけらかした山師商売を戒め、長寿と始末と勤倹が三徳と絞る。一方で成功者となるには1代限りでは及ばず続けて良き経営者が生まれることが必要だが、能力にも限界があるので、そのためには「陰徳」を施すしかないという。

近江八幡《おうみはちまん》

進取の気性と高い商人文化を今に伝える城下町

新町通り周辺を歩く

豊臣秀次《ひでつぐ》の城下町として栄えた八幡町《はちまんちょう》（近江八幡市）。八幡堀北側の山麓は武家地であったが、堀の南側の町人のまちには、鍛冶屋町、大工町、畳屋町、魚屋町など、町名に城下町の名残りがみられる。碁盤目状に区画されたまちなみには、江戸時代中期から明治時代に建てられた商人屋敷が甍《いらか》を連ね、白壁の土蔵が全国的に活躍した商人の隆盛を偲ばせている。市立資料館がある新町通り周辺では重要文化財の旧西川家住宅（旧西川利右衛門邸）が公開されているほか、豪商の屋敷や土蔵が保存されている。

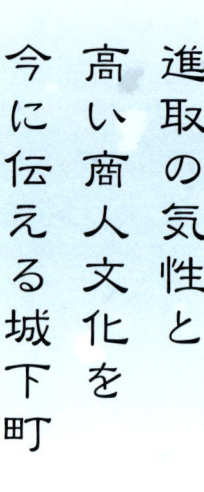

⬆八幡堀

八幡堀に沿って

八幡堀は八幡山城の内堀として、さらに琵琶湖と城下町を結ぶ運河としての役割をもって開削され、秀次は、琵琶湖を往来する荷船はすべてこの運河を通行することを命じている。廃城後も畳表《たたみおもて》や蚊帳《かや》などの物資を積んだ船が八幡堀を往来し、地元産業は活況を呈した。

明治時代後期になると、輸送手段が水路から陸路に移り、次第に利用されなくなったが、昭和40年代に地元のまちなみ保存運動などによって舟着場などが復元された。堀に沿って屋敷や土蔵が建ち並び、新町通り周辺とともに国の重要伝統的建造物群保存地区に選定されている。現在では近江八幡を代表する観光名所として、市民の憩いの場として親しまれている。

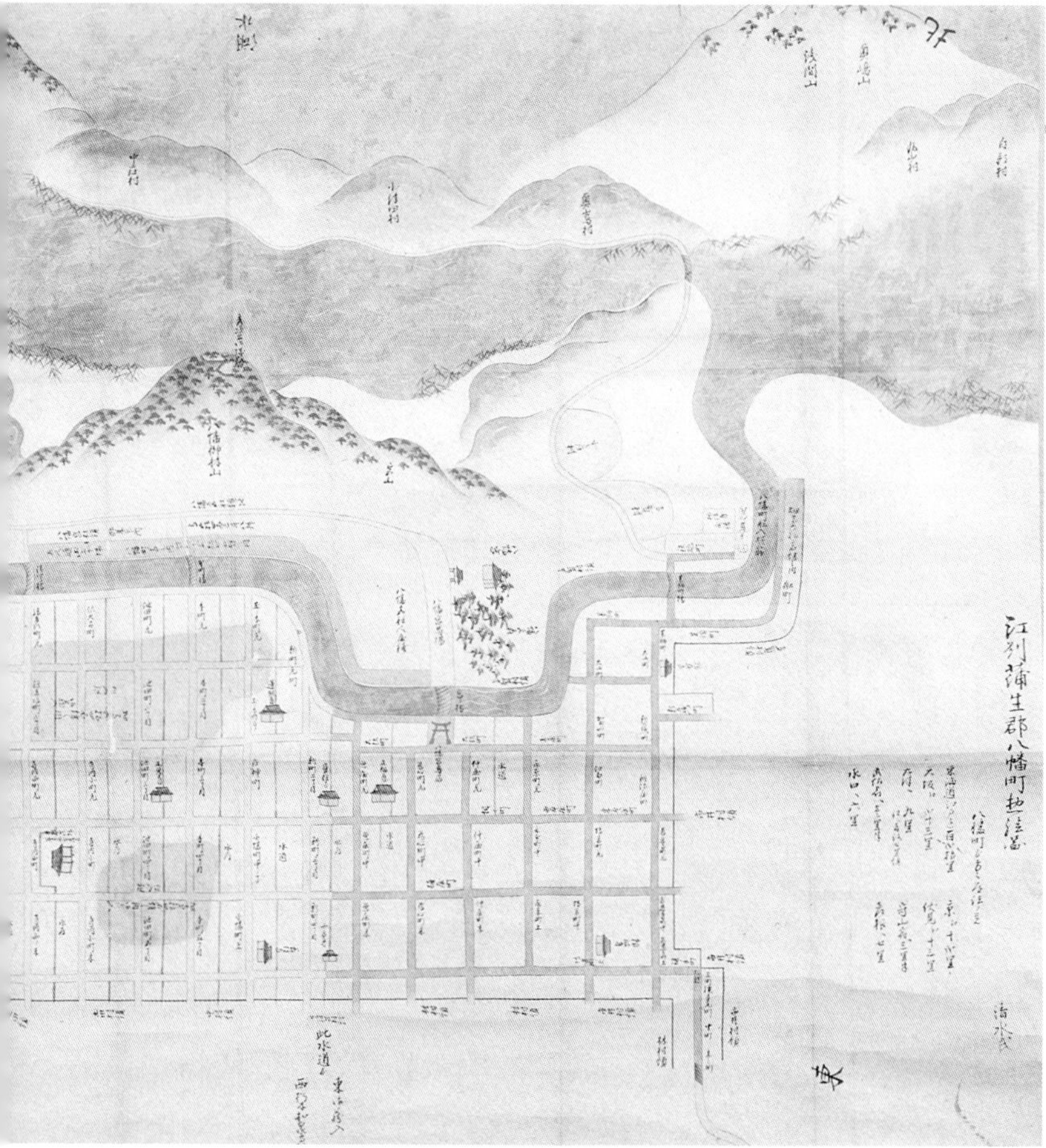

⬆八幡古地図（市立図書館蔵）
運河として機能した八幡堀の周辺に碁盤目状の城下町が建設された。

秀次が築いた城下町

天下統一を目前にして、織田信長が築いた安土《あづち》城は天正10年(1582)に焼失。その3年後、豊臣秀吉の甥である秀次が安土に隣接した八幡に八幡山城を築城。この八幡が京都と北陸との中継地点にあたることに着目した秀次は、商業都市としての機能性を最優先に考え、水路・陸路を整備し、町民本位の掟書を発布するなど、全国的に名高い近江商人を育てる土壌をつくった。

八幡町ができる以前より、安土周辺には信長が始めた楽市楽《らくいちらく》座《ざ》の制度による商取引が盛んに行われていたが、安土城の落城とともに安土の商人が新しい八幡町に移住し、八幡は商業都市として活況のあるものとなって

⬇八幡山公園の豊臣秀次像
殺生関白とのそしりをうける秀次だが、地元では開祖の人物として評価が高い。

いった。

　しかし、時の関白豊臣秀吉は秀次に謀叛の疑いがあると追放し、秀次は高野山で28歳という短い生涯を終えた。秀次が八幡山城主だったのはわずか5年であったが、その後も八幡町は商業都市として発展し続けることになる。早い時代から遠く北海道、あるいは安南《あんなん》（ベトナム）などにまで活動の場を広げた八幡商人は、地元での産業振興をはかりつつ、京都・大坂・江戸に大店《おおだな》を構え、商圏を全国に拡大していった。

　現在、八幡山公園には秀次の像が立ち、開町の祖として親しまれている。

⬅旧西川家住宅（旧西川利右衛門邸）

西川利右衛門は、蒲生郡市井村から八幡に出て新町に住み、畳表や蚊帳などの荷物を馬の背に積んで行商をしたことで評判となった。やがて大坂瓦町や江戸日本橋に店を構え、将軍家にも出入りするという大店（おおだな）となった。昭和の初めに後継者がなくその歴史を閉じたが、分家の西川庄六家から近江八幡市に土地建物一切が寄贈された。建物は重要文化財の指定を受け、その後半解体修理して公開されている。

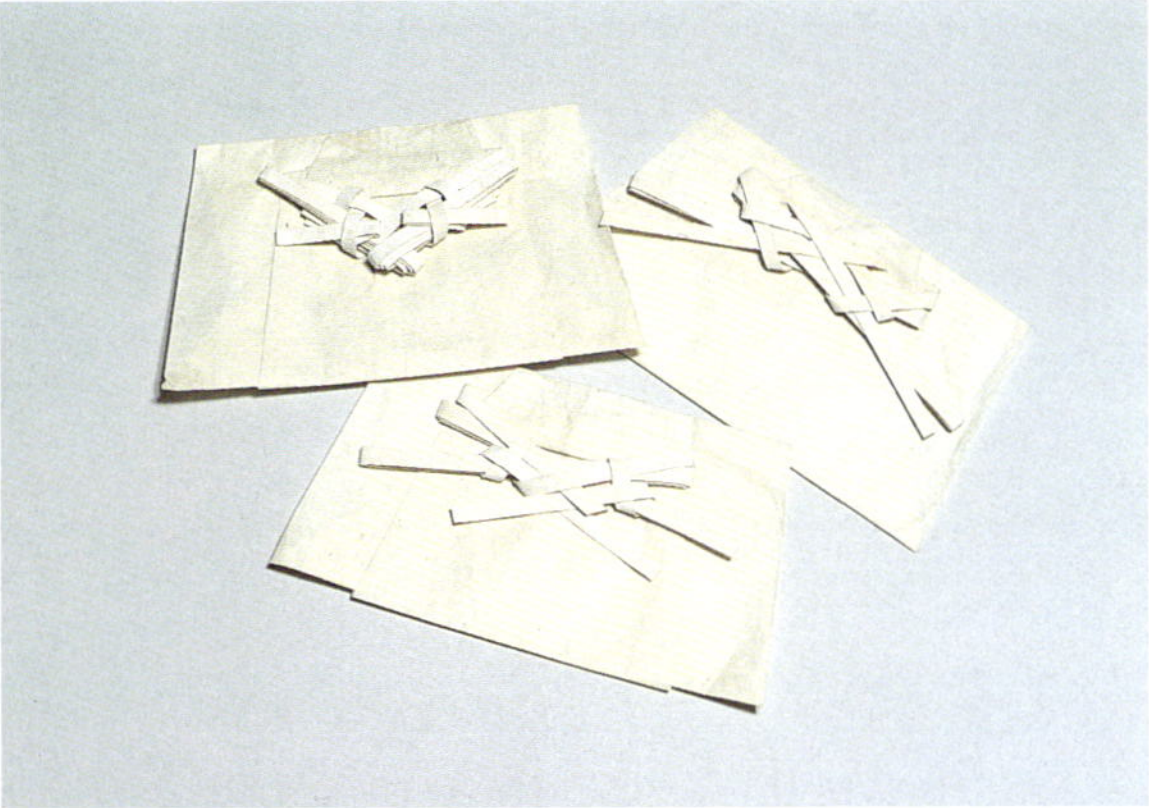

➡交際の範囲の広さを物語る袴の紐の結び方をしめした雛型。TPOに併せてさまざまな装束を身につける必要があった。

質素・倹約を旨とした近江商人の日常生活は、大商人となっても変わることはなかった。しかし、現在でいう大企業のオーナーとなった豪商の生活は、財の豊かさに比例して適応した人格、教養、礼儀作法、しきたりなど日常生活すべてにふさわしい人間形成が要求された。西川利右衛門家所蔵の道具類には、その財力を象徴する豪華さのなかに独特の合理性が表れている。

⬅「おくどさん」と呼ばれる炊飯用の釜
大店での女性の会話には京都の「女房ことば」が使われており、日常の礼儀作法やしきたりの中に京都の上流社会の文化が要求されていたことがわかる。

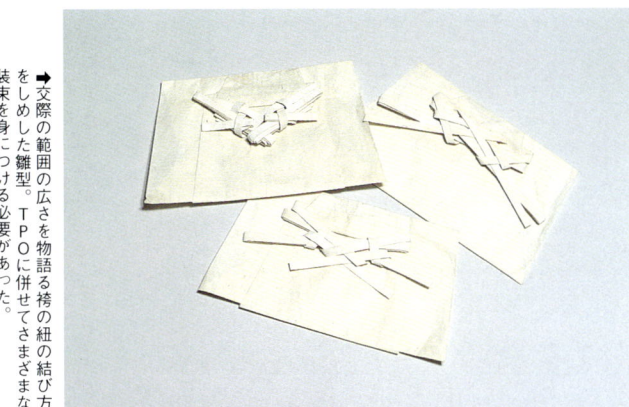

⬆市立資料館（郷土資料館）
西村太郎右衛門の屋敷跡に建築された旧警察署を利用したもので、朝鮮通信使などの往来のあった「旧京街道」に面している。質素ではあるが堅牢な商人屋敷や土蔵が立ち並ぶ新町通り一帯は、近江八幡の観光の中心として賑わいをみせている。

商人文化を伝える市立資料館

市立資料館（郷土資料館）には、地場産業である数珠《じゆず》玉や、和ろうそくの生産工程器具、各種産業に使用された用具や道具を展示する民俗資料室と、ほかに考古資料室がある。中庭をはさんだ歴史民俗資料館には、近江商人の帳場風景や日常生活が再現されている。

「頭上注意」と書かれた低いくぐり戸を抜けると、隣接の旧西川家住宅（西川利《り》右衛《え》門《もん》邸）に続く。部屋数20余室を数える豪邸で、八幡商人の文化的素養の高さや交際の広さを物語る数々の展示物は圧巻。3階建ての土蔵とともに豪商の財力がうかがえる。

⬆歴史民俗資料館内

⬆旧西川家住宅（旧西川利右衛門邸）

八幡商人とその商法

　高島商人と並んで早い時代から活躍し、永禄4年（1560）には、西川仁右衛門が商売を始めた記録が残る。秀次の築城と同時に安土城下の商人や近在の湖東地方からの商人が移住して八幡町民を構成。かれらは、中世以降の五箇《ごか》商人や保内《ほない》商人の流れをくむ伝統ある商人であった。加えて、信長や秀次が打ち出した楽市楽座や諸役免除などの先進的な商工政策と交通の要衝に位置する地理的環境が、いっそう城下の人々を刺激した。

　海外に雄飛した西村太郎右衛門や、両浜《りようはま》商人とともに北海道との交易を行った西川伝右衛門、岡田弥三右衛門など、その先進性は特筆される。八幡山城の廃城後も、臆することなく他に先駆けて全国に雄飛し、江戸の城下町建設の時には、すでに中心地日本橋に八幡商人の大店《おおだな》が軒を連ねていた。江戸時代初めの城下町建設のブームに乗った八幡商人は、リスクを云々するよりも、チャンスに賭ける機敏で胆力のある商人であった。

　全国に大きく羽ばたいた八幡商人は、とくに三都といわれた京都・大坂・江戸に大規模な店を構えたことに特色があるが、あくまで本店は八幡に置いていた。こうしたことが現在も、このまちに商人の生活様式や文化を伝えている。

八幡商人

八幡商人のなかでも、西川甚五郎家、伴《ばん》庄右衛門家、西川利右衛門家は、江戸開府の時あるいはその後すぐに三都で商売を行っていた。それから数十年後に全国に多くの商人が出掛けていった。

⬆八幡堀に沿って長く続く旧山形屋西川甚五郎邸

➡旧岡田弥三右衛門邸
岡田家は西川伝右衛門らとともに明治時代まで北海道の漁場開発などで活躍し、一方で道内の道路開拓や小樽運河の開削などに多くの利益還元を行った。13代岡田八十次は大正年間に北海道開発の功労者の表彰を受ける。

⬆日牟禮（ひむれ）八幡宮に掲げられた「安南渡海船絵馬」（複製）
西村太郎右衛門は、安南国（現ベトナム）に渡り20年の辛苦の末、帰国すると鎖国令が出ていて入国できず、絵馬を託して淋しく安南に引き返したと伝わる。慶長8年（1604）から寛永11年（1635）の約30年間は、徳川の世が安定へと向かうなかで、新天地を求める商人や、戦いの場を失った浪人たちが、そのエネルギーを海外に向けた時代であり、代々綿屋として兄とともに商いを手助けしていた太郎右衛門も海外の情勢を知るにつけ次第に海外への雄飛の希望を膨らませていた。当時の八幡は、秀次の後に領主となった京極高次が熱心なキリシタンであり、外国人宣教師が多く出入りしていたことも太郎右衛門に大きな影響を与えた。

⬅市立資料館には、商家の女性の生涯を伝える道具が残る。

➡9代目西川甚五郎

西川甚五郎

初代西川仁右衛門が永禄9年（1566）19歳で商売を始めた年が西川甚五郎家の創業。八幡開町の天正13年（1585）に豊臣秀次の城下町に移住し、天正15年に八幡町に店を設けたのが本店山形屋のおこりと伝わる。当初、奈良蚊帳を北陸方面に販売し、さらに近江表《おもて》（畳表）の商売をはじめ、美濃・尾張へ行商。ついには江戸日本橋に店を設けるまでになった。初代の4男甚五郎が2代目を継いだのは寛永5年（1628）。江戸城築城の時にあたり、招かれて城下の一等地日本橋に大店を構えた。2代目甚五郎は、蚊帳の製造や販売にさまざまな工夫を凝らし、400年に及ぶ西川の歴史の基盤を築いた。

寛政の改革の頃になると一時は14軒もあった八幡の蚊帳問屋仲間の江戸出店も5軒に減るという深刻な不況に至り、西川家7代目の利助（1746～1825）は経営組織の大改革を行い不時の出費のための普請金・仏事金・用意金の3つの積立金制度を作り、奉公人に一種の奨励金を配当する「三ツ割り銀」制度を取り入れた。八幡堀近くには長い塀が連なる屋敷が残り、非公開ではあるが、その調度品や真に「ためによい」建築に定評がある。屋敷の一角には当家の歴史を紹介する西川文化財団の史料庫が設置されている。

➡西川伝右衛門奉納の千石船絵馬額（円満寺）
西川家所有の弁財船が描かれている。

西川伝右衛門

―北海道開拓に挑んだ冒険心―

初代は、江戸時代初期に行商を始め、寛文年間（1661～1673）には松前の城下に店舗を開設し、松前藩の御用商人となった。その後、和船を建造して北前船活動を展開し、北海道と北陸・上方《かみがた》方面への産物回しを行って巨利を得、松前藩の漁場の場所請け負い制度ができると、優良な漁場の場所請負人となった。亨保の頃には所有船舶が6艘を数え、海運業と漁業者を兼ねる城下町有数の大店となった。

西川伝右衛門家の10代目貞二郎（1858～1924）は、北海道での缶詰工場に着手するなど、祖先の北海道開発の事業の継承を行うと同時に、明治時代には八幡銀行頭取、大坂商船筆頭株主、日本銀行大株主（第6位）として華々しい近代的企業活動を展開し、従業員に洋式複式簿記を学習させたりもした。友人である伊庭貞剛をして「近江商人の典型　彼をおいて他になし」といわせた。

伴庄右衛門

伴家の祖は大友氏で、安土城下で商人となり、やがて八幡町に移住し伴庄兵衛と名を改め、扇子や地場の産物を商った。八幡城下の衰退と同時に行商を始め、江戸開府の寛永年間に日本橋に出て西川家とならぶ大店を構えた。市立資料館前の建物がかつての伴家の屋敷跡である。屋号を扇家《おうぎや》といい、西鶴の『織留本朝町人鑑《おりどめほんちょうちょうにんかがみ》』には京都や

大坂での繁盛ぶりが「江州布高宮《たかみや》買いとりて国々に出見世《でみせ》、殊更《ことさら》京都四条東の洞院の見世には毎年縞布《しまぬの》ばかり千駄づつ売払ひける。畳の表は大坂に見世出し、次第に大商人となりぬ」と書かれている。

庄右衛門家の5代目の伴蒿蹊《こうけい》（1733～1806）は、家業に努めるとともに国学者として『近世畸人伝』を著している。一方近江商人のもっとも典型的な家法書のひとつである『主従心得草』では、奢侈《しゃし》に傾く店風をただしている。

⬇日牟禮八幡宮
八幡商人の信仰を集めた。湖国に春を告げるといわれる左義長まつりは当社の祭礼で、信長も華麗な衣装で躍り出たと伝わる。女装した若者が干支の縁起物をつくり、町内を練り歩き、2日目の夜に境内で奉火。夜空を焦がす。

近江八幡

➡かわらミュージアム
いぶし銀の光沢が美しい八幡瓦の魅力や歴史を映像や模型で紹介する施設で、八幡堀の景色にとけこんで建つ。10棟からなる建物すべてが瓦葺きで、敷石がわりに廃物の古瓦が利用されている。瓦粘土を使っての陶芸作品づくりに挑戦できる体験工房もある。

⬆ヴォーリズ記念館
明治38年（1905）に来日し、キリスト教伝道や建築家として活躍、のちにメンソレータムで有名な近江兄弟社を設立したウイリアム・メレル・ヴォーリズの自邸を公開。洋風建築の中に和風を取り入れた和洋折衷の造りで、館内には生前の遺品も多数展示している。池田町界隈には機能性を重視したヴォーリズが手掛けた建物が残る。

商品開発と上方文化の育成

北海道で店を構えた近江商人は漁業開拓に多額の出資をし、同時に商品開発を行い、上方の食文化の育成に一翼をになってきた。北海道のニシン漁は、漁獲量が減ったイワシにかわる肥料として登場し、各地での殖産事業の振興による肥料の需要増大が拍車をかけ、「金肥《きんぴ》」と呼ばれた。肥料として出荷されていたニシン本体の一部を身欠ニシンに、その他を乾かせて肥料として出荷を始めたのが近江商人であった。江戸時代の北海道見聞記『東遊記』（立松蒙著）によると「背の方を身欠《みが》きと唱えて下賤のもの食物となる。上方の煮売り店専らこれを用ゆ」との記述がある。その後の乱獲でニシンの漁獲量は激減したが、豊漁を伝えるニシン御殿が北海道江差《えさし》に残っている。

年末の贈答品として恰好の新《あら》巻《まき》も近江商人の開発商品とされ、西川家の文書では「阿らまき」の取引についての記録が残り、200年以上も前に、薄塩にして味を良くした「新巻」が登場している。「荒むしろで巻いた」「塩を荒くまいた」から「荒巻」と呼ばれ、これが「新巻」となった。北海道の開発と同時に京都の名物ニシンそば、正月料理に欠かせない数の子や身欠ニシン、そして新巻など、新商品づくりを通して上方の食文化の育成に商人としての本分を存分に発揮してきた。

金言名句

先義後利栄（せんぎこうり）

義とは人の行うべき正しい道の意味であり、義を先にして、利益を後にすれば栄える。つまり商いは目先の利益よりも遠きを見てすることが大切であるという教えである。孟子、老子、朱子などとともに、儒学の祖というべき荀子が説いた「先議而後利物栄」の影響を受けたものであろう。近江商人の精神基盤が、神仏とともに儒教的倫理にあったことは家訓や店則で神仏の帰依を説き、儒教の教えを述べていたり、大福帳の冒頭に「神儒仏、謹んで礼拝」と書き記したものがあることからうかがえる。

（西川利右衛門家の家訓）

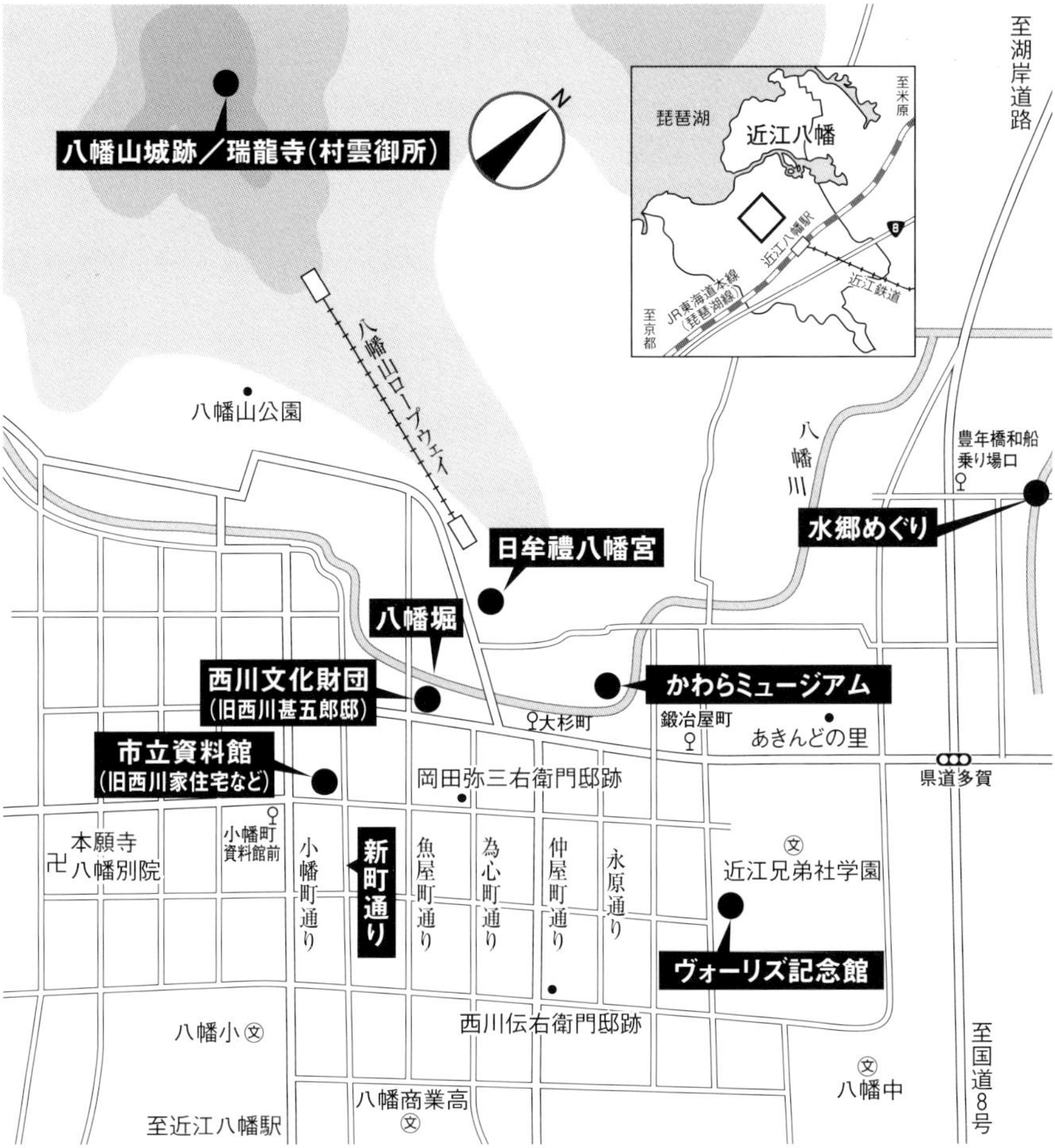

近江八幡を訪ねる

◇電車で　JR近江八幡駅からバス大杉町下車、徒歩５分（日牟禮八幡宮）
◇車　で　名神高速道路八日市ICまたは竜王ICから30分

八幡山城跡／瑞龍寺（村雲御所）《はちまんやまじょうあと／ずいりゅうじ(むらくもごしょ)》
☎0748-32-3323（瑞龍寺）
時9:00～17:00　¥300円
P30台（大型可）

日牟禮八幡宮《ひむれはちまんぐう》
☎0748-32-3151　¥境内自由
P30台（大型可）

八幡堀《はちまんぼり》
☎0748-33-6061（近江八幡駅北口観光案内所）　P30台（大型可）

かわらミュージアム《かわらみゅーじあむ》
☎0748-33-8567
時9:00～16:30（入館は16:00まで）
休月曜日、年末年始、祝翌日
¥300円　P10台

市立資料館（旧西川家住宅など）《しりつしりょうかん(きゅうにしかわけじゅうたくなど)》
☎0748-32-7048　開9:00～16:30（入館は16:00まで）　休月曜日（祝日の場合は翌日）、祝翌日、年末年始　¥500円（歴史民俗資料館・郷土資料館・旧伴家住宅との4館共通）
P8台

水郷めぐり（市内4業者）《すいごうめぐり》
☎0748-33-6061（近江八幡駅北口観光案内所）　¥定期船2100円～

ヴォーリズ記念館《う゛ぉーりずきねんかん》
☎0748-32-2456　開10:00～16:00（要予約）　休月曜日、祝日、年末年始　P5台

西川文化財団（旧西川甚五郎邸）《にしかわぶんかざいだん(きゅうにしかわじんごろうてい)》
☎0748-32-2909　時9:30～12:00
13:00～16:00（開館は火～金曜日、要予約）

五《ご》個《か》荘《しょう》

中山道にほど近く
白壁の商人屋敷が続く
「てんびんの里」

➡重要伝統的建造物群保存地区に選定されている金堂（こんどう）白壁の商人屋敷が連なり五個荘商人の豊かな生活文化を伝えている。水路には錦鯉がゆったり泳ぐ清楚な雰囲気に満ちている。金堂の中心に位置する弘誓寺本堂（重要文化財）の荘厳な建築は、人々の信仰の篤いことがうかがえる。

➡弘誓寺（ぐぜいじ）

中世からの商人の活躍

中世の商業は、定期的に開催される「市《いち》」で商品を販売し、さらに販売するためには同業者組織である「座《ざ》」に加入して権利を持つ必要があり、誰もが自

⬅西沢梵鐘
中山道沿いで、300年の歴史を持つ梵鐘づくりの技術が受け継がれている。昔ながらの製造技術でつくられる梵鐘の音色の良さは全国に知られる。見学は予約が必要。

由に商売ができるものではなかった。こうした時代に湖東地方で活躍したのが四本《しほん》商人といわれる商人団で、八日市《ようかいち》の保内《ほない》、蒲《がも》生《う》の石塔《いしどう》、愛知川《えちがわ》の沓掛《くつかけ》そして五個荘の小幡《おばた》の座商人から構成され、山越商人・伊勢越商人とも呼ばれたように鈴鹿峠を越える通商権利を持っていた。四本商人は伊勢（三重県）から苧麻《ちょま》の糸や陶磁器、曲物《まげもの》、海草などの生活用品を運搬し、市売りや行商をおこなった。四本商人の中でも、もっとも古くからの由緒と実績を持っていたのが小幡商人で唯一、五箇《ごか》商人にも属していた。五箇商人は彦根の薩摩《さつま》・八坂《はっさか》、近江八幡の田中江《たなかえ》、安曇《あど》川《がわ》の高島南市《みなみいち》そして五個荘の小幡の商人で構成され、若狭小浜（福井県）から九里半街道、今津を経て琵琶湖を渡り商品を湖東へ運ぶ権利を持ち、主に塩合物《しおあいもの》（塩魚）を卸売りしていた。15世紀以降に、小幡商人などの商人団に積極的に挑戦してきたのが八日市の保内商人で、営業権や通商権を巡る争いが起こった。保内商人は当時勢力を延ばしていた近江守護・佐々木六角《ろっかく》氏の庇護を受け台頭してくるが、やがて信長らの城下町形成の新時代の到来で次第に消えていった。中世の商業や農村商人のあり方が否定され商人は農村を離れ、都市部に移住し、新たな商業システムが生まれてくる。近世になると小幡商人は、安土城下に入り、さらには八幡山城下へと活躍の舞台を転じていった。

農家の副業としての商い

全国的にも、先駆けて城下町

➡小幡の常夜燈
中世近江の商業社会で卓越した存在であった小幡商人の発祥地は、中山道と御代参街道の分岐点でもあり、郷土玩具小幡人形が今もつくられている。

の整備が進んだ近江では、都市機能を持つ町場と専ら農業を行う農村地域との区分がはっきりとしてきた。五個荘は農村地域であったが、とくに水の被害が多く、全体的には困窮した地域であった。このことが、彦根藩が他国に出ることに寛容であり、農作業の余業を奨励する恰好となった。中世の小幡商人の商業のノウハウの蓄積があり、近隣に近江布の産地があり、土地の劣悪な環境の影響などから五個荘商人が誕生することとなった。後の大成した豪商も農業を行うと同時に行商を始めるというスタイルから出発している。江戸時代初期から近江布の生産体制と流通の体制が確立していたことが五個荘商人発祥の大きな理由といえる。

散策に訪れる人々が多い五個荘は、まち全体が博物館に見立てられる。てんびんの里学習センターの建物の3階にある近江商人博物館を核として周囲に点在する近江商人屋敷——外村宇兵衛邸、外村繁邸、中江準五郎邸、藤井彦四郎邸——がサテライトとして公開されている。各館を結んだまちなみを散策することで、五個荘商人や五個荘の歴史を知ることができる。

←近江商人屋敷・外村宇兵衛邸

近江商人屋敷と外村繁

6代目外村《とのむら》与左衛門の末っ子に生まれた初代宇兵衛は、安永6年（1777）兄を助けて京都店を支配。絹布《けんぷ》・繰綿《くりわた》などを売買して事業を拡大した。文化10年（1813）に分家独立し本家の商圏と重ならない京都や上野《こうずけ》

←外村繁邸

五個荘

⬆てんびんの里文化学習センター
3階にある近江商人博物館では、五個荘を中心とする地域の歴史と商人の発祥の過程や近江商人の事績がくわしく紹介され、てんびんの里の情報発信基地となっている。

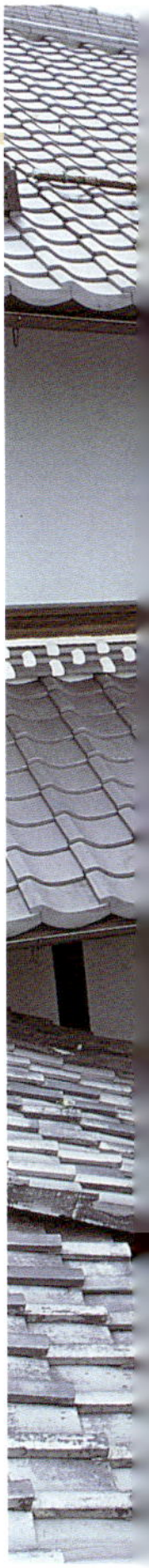

（群馬県）から呉服類を仕入れ、大坂・堺・和歌山で販売していた。宇兵衛邸と、作家外村繁の生家は「近江商人屋敷」として公開され、繁邸では独特の宗教観をもった商店もの作家の人となりを知ることができる。

純文学作家の外村繁は、いったんは家業を継いだが文学への志を貫き『鵜《う》の物語』を発表。その後「商店もの」といわれる独自の商業小説を執筆。自分の体験から生まれた近江商人の生活を描いた『筏《いかだ》』『草筏』『花筏』三部作は代表作品。晩年は親鸞の浄土思想に傾倒し、名作『澪標《みおつくし》』『落日の光景』を発表。『濡れにぞ濡れし』の執筆途中、59歳で死去。生家には、小説にも登場した庭や、幼少の頃に使った部屋が残る。

←大郡神社の常夜燈

佐々木六角氏の城下町

中山道《なかせんどう》を近江八幡の武佐《むさ》宿から北上すると、国道8号と新幹線が平行して走るところにこんもりと繁った老蘇《おいそ》の森がある。国道8号の開設時に森は分断されたが、古くからの歌枕の地として知られる。この森を過ぎると繖山《きぬがさやま》の全容が広がる。別名観《かん》音寺山《のんじやま》といわれ、石馬寺《いしばじ》、観音《かんのん》正寺《しょうじ》などの古刹がある。繖山の南麓は西国三十三所観音霊場三十二番札所の観音正寺への表参道となっているが、戦国時代には、佐々木六角氏の居館や家臣団の居住区があり、近隣から移住した商工業者が多く住まい、近江の中でももっとも賑わいのある城下町であった。

中山道と御代参街道

小幡から八日市、蒲生岡本、日野鎌掛《かいがけ》の各宿を通って土山に至る街道が御代参《ごだいさん》街道で、公家たちが正月、5月、9月に天皇の名代《みょうだい》（代理）として多賀大社と伊勢神宮に代参するのに使われたことに由来している。土山宿の道標には「北国たが道」と刻まれており、東海道から多賀大社や北国に向かう旅人が多く利用した街道で、湖東地方の人々の伊勢参りにも利用されたことから「伊勢道《みち》」ともいわれる。江戸時代後期、庶民の間に広がった旅ブームで、中山道のバイパスとしての利用があり、一方で、中山道の旅商人にとっても伊勢に向かう近道として大いに利用された。

⬆小幡の常夜燈

⬆てんびんの里の碑

ぶらりまちかど美術館・博物館

毎年9月には、金堂《こんどう》と、川並《かわなみ》、竜田《たつた》などを中心にふだんは非公開の居宅や庭園、神社仏閣を公開して、五個荘に集め蓄えられてきた貴重なコレクションや資料、先人の遺作などを公開するイベント「ぶらりまちかど美術館・博物館」が開催される。新進若手作家の芸術作品や郷土玩具である小幡人形《でこ》なども展示即売される。近江商人の事績を顕彰し、その精神を学ぶ「ごかのしょう新近江商人塾」も開かれ、白壁のまちなみには、大正ロマンを彷彿させる時代絵巻行列が再現される。

五個荘商人

幕末から現代まで繊維産業の中心的な近江系企業

呉服小間物商の中井屋に生まれた中江勝治郎は、明治38年に朝鮮に呉服店を開設したのを皮切りに、第2次世界大戦前に朝鮮・中国に20余店の三中井百貨店を経営し、百貨店王と称された。中江家は海外に進出した希有な商人だったが、昭和20年の終戦と同時に在外資産が消滅、幻の近江商人となった。その屋敷が「中江準五郎邸」として公開されている。

➡近江商人屋敷・中江準五郎邸

藤井善助・彦四郎とスキー毛糸

スキー毛糸の創始者である藤井彦四郎の旧邸は、迎賓館として建築され、内部装飾の細やかな配慮ある丁寧な仕事が目を引

⬆近江商人屋敷・藤井彦四郎邸

く。邸内の琵琶湖をかたどった池の周囲は四季折々の風情をみせ、藤井家の財力が感じられる豪壮さ。兄善助は17歳で同文書院大学に学び、その後江商合資会社、大阪紡績株式会社など数十社を経営するとともに、国政に参加して犬養毅《いぬかいつよし》の薫陶を受けて東洋文明の保護を志した。東洋文化の誇るべき名品の多くが欧米へ流出していることを憂い、蒐集に努め、京都岡崎に有鱗館を開設して公開した。

　弟の彦四郎は、政界に出た兄の事業を継承し、日露戦争後の不況下にはフランスから輸入した人造絹糸《けんし》を商い、恐慌や関東大震災での東京店全焼などの困難を乗り切り、数々の会社を設立した。戦時下で企業活動が制約されると海外に活動の場を求め、時局の難局を乗り切ってきた。

➡創業300年を迎えた「外与」の本宅

外村与左衛門

初代は金堂の比較的裕福な旧家に生まれたが、農業に依存していては一家の繁栄がないと自覚し、元禄13年（1700）に近江麻布《まふ》の行商を始め半農半商の辛苦の末、商人としての基礎を築いた。2代目は麻布を持ち上り、上州の絹、苧麻を持ち下って名古屋などに出店。代々その商才を発揮したが、5代与左衛門は、初めての江戸での商いでは17両の損失を被ったものの、荷物の運搬に馬や飛脚を利用する大型行商に励み、やがて京店、大坂店を設けた。与左衛門家を本家として多くの分家が存在する。現在も繊維卸商「外与《とのよ》」は時代に対応しつつ、繊維業界で活躍している。

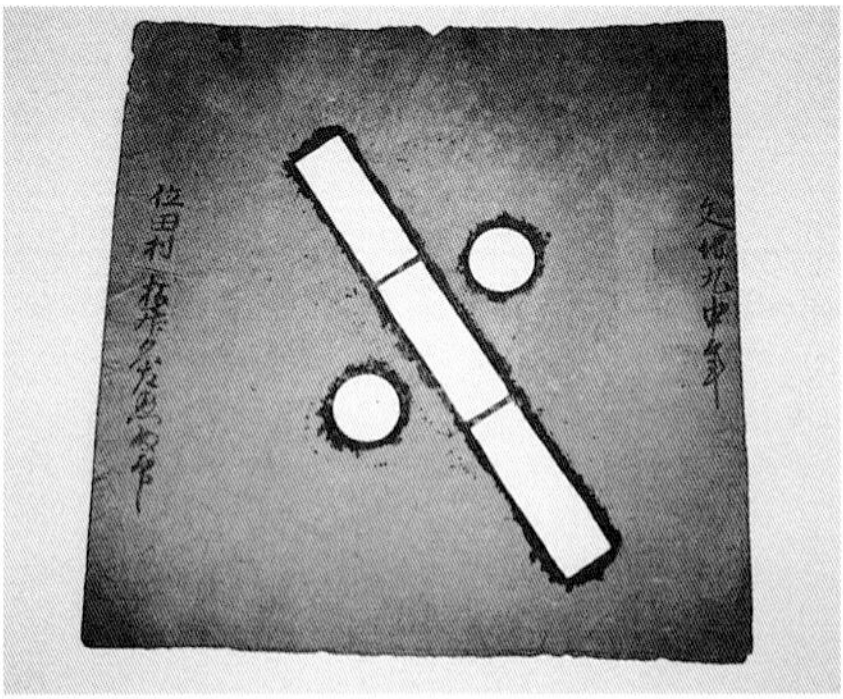

➡天秤棒と星の「星久」の商標

松居遊見

25歳で家督を継いだ遊見は「御百姓の透間に旅商渡世仕候」家業に精を出し、奥州《おうしゅう》（東北地方）などから紅花《べにばな》や呉服絹を仕入れ、信州や京・大坂などの都市に販売していたが、いち早く金融業に転じ、業務組織を扱い商品別に分けて京都や江戸に支店を設けた。多くの財をなし、後発の湖東地方の商人の多くが遊見の融資を受けたが、豪商となっても非常な倹約家で、粗末な身なりで質素な家に住み、社会奉仕に多額の資金を提供し陰徳を積むことを喜びとしていた。屋号は星久《ほしきゅう》。天秤棒と朝夕

➡松居遊見

➡初代塚本定右衛門

の星を象徴したロゴを使用している。

遊見は豪胆な人物で多くの逸話が残る。苗字帯刀を許され10人扶持《ぶち》の士分であったが、その分大名への御用金の調達も多く、後には一切の大名貸しを禁じている。生涯みずから農耕を営み、84歳の時に描かれた画像に大書した「奢者必不久（奢るもの必ず久しからず）」は、平家物語の冒頭を引用し、勝手な振る舞いをする者は遠からず衰え滅ぶ故事を戒めとした。

塚本定右衛門

川並の貧しい家庭に生まれた定右衛門は、父が臨終の枕元で、家を起こすことこそ孝行の第一と聞かされ、19歳で東日本への行商を開始。やがて甲府（山梨県）で小間物を扱う「紅屋《べにや》」を開業し、以来着実に事業を拡大してきた。夏の行商の途中、茶店で一息入れていた時、軒先から涼しげな風鈴の音が聞こえ、この時、ふと思い立ったのが、「風鈴も動いてこそ鐘が鳴る」自分もじっとしては金はたまらないと思い「かせがずにぶらぶらしては成りませぬ。一文銭も頼む身なれば」という歌を詠んだといわれる。事業で得た資産は社会のために惜しみなく提供し、蓄財は、徳義を守り勤勉・倹約であれば事足りる、しかし、商人として瞬時も忘れてはならないことは客の便を計ることとし、子孫にも、このことを戒めていた。息子の定次《さだじ》・正之はともに父の教えに従い、商売の拡大と社会事業への貢献を続け「治山・治水の父」といわれる。

⬆観音正寺（かんのんしょうじ）の本尊・千手千眼観世音菩薩坐像
西国三十三所観音霊場三十二番札所で繖山山上に位置し、聖徳太子の建立と伝えられる。平成５年に本堂が焼失したが、平成16年に総白檀一丈六尺の千手千眼観世音菩薩坐像を新たな本尊として、新本堂の落慶法要が行われた。

五個荘

➡石馬寺（いしばじ）
臨済宗妙心寺派の古刹。この地を訪れた聖徳太子が、乗馬を木に繋いで繖山に登り、下りてみると馬が石と化していたことが寺名の由来といわれ、今も登り口の池に石が残る。ここから石積みの「かんのん坂」を上りつめると隠れ里の山影に静かに堂宇が佇む。ご本尊の十一面観世音立像をはじめ阿弥陀如来坐像・二天王立像・威徳明王牛上像・役行者（えんのぎょうじゃ）腰掛像をはじめとする多くの美術工芸品の宝庫である。

⬆観峰館（かんぽうかん）
漢字の歴史を伝える博物館。館内を周遊することで最古の漢字から現在使用されている書体の完成までの歴史を理解できる展示内容となっている。

高田善右衛門

戦前の修身の教科書で刻苦精勤を信条とする近江商人の典型として紹介された善右衛門は、寛政5年（1793）裕福な家柄に生まれたが、17歳で独立し他の商人が行きたがらない山道が険しい紀伊（和歌山県）へ行商に出かけている。中国周代の占書「易経・乾卦」から引用し、常に自らを務めて励むという意味のある「自彊《じきょう》不《ふ》息《そく》」を子孫の戒めとしている。

➡高田善右衛門

小杉五郎右衛門

小杉家の11代当主小杉五郎右衛門が54歳の時、主要な商域の金沢藩（石川県）の領内に賃借を破棄させる棄捐《きえん》令が出された。薄利で堅実な商いを着実に発展させてきた五郎右衛門も、さすがに力を落としていた。その時、松居遊見が来訪し「この困難こそがチャンスだ。ふたたび、金沢に出向くべし」と励まされ、他の商人が加賀（石川県）を敬遠していた時にすばやく大量の商品を仕入れ、金沢に出かけ歓迎を受けた。さらに負債金を支払う人まで現れたという。苦境の時こそ商いのチャンスがあるという近江商人らしいエピソードが残る。

塚本定次

塚本定右衛門の長男の定次《さだじ》は父の教えに従い、商売の拡大とともに多くの社会事業を積極的に進め、地方行政に携わりつつ地元の治水・治山事業などを弟の正之とともに推進してきた。明治26年（1893）から大正時代にかけて、まさに滋賀県の事業予算の半分を提供した。勝海舟《かつかいしゅう》はこうした豪胆ぶりを『氷川清話《ひかわせいわ》』に書き残している。定右衛門が興した紅屋は繊維卸を中心としたアパレル総合商社ツカモトとして現在に至り、平成4年（1992）創業180年を機に発祥の地に「聚心庵《じゅしんあん》」を開設。先人の徳を顕彰し、後世にその精神を伝え、さらなる発展の願いが込められている。

五個荘を訪ねる

◇電車で　JR能登川駅または近江鉄道五箇荘駅からバス生き活き館前下車すぐ（五個荘観光センター）
◇車　で　名神高速竜王ICまたは彦根ICから30分

五個荘観光センター《ごかしょうかんこうせんたー》
☎0748-48-6212　時8:30〜17:00
休不定　P30台

近江商人博物館《おうみしょうにんはくぶつかん》
☎0748-48-7100　時9:30〜16:30
休月曜日（祝日除く）、祝翌日、年末年始　¥200円　P130台

観峰館《かんぽうかん》
☎0748-48-4141　時9:30〜17:00（入館は16:00まで）休月曜日（祝日の場合は翌日）¥500円　P90台

近江商人屋敷
（外村宇兵衛邸・外村繁邸・中江準五郎邸・藤井彦四郎邸）《おうみしょうにんやしき》
☎0748-48-5557（外村宇兵衛邸）
☎0748-48-5676（外村繁邸）
☎0748-48-3399（中江準五郎邸）
☎0748-48-2602（藤井彦四郎邸）
時9:30〜16:30
休月曜日（祝日除く）、祝翌日、年末年始
¥宇兵衛・繁・準五郎邸3館共通500円、彦四郎邸300円
P160台（きぬがさ駐車場利用）

てんびんの里手づくり夢のふるさと村《てんびんのさとてづくりゆめのふるさとむら》
☎0748-48-2604（小杉農園）
時9:00〜17:00　休お盆、年末年始
¥300円（花苗付き）P120台

石馬寺《いしばじ》
☎0748-48-4823　時9:00〜6:00
¥400円　P20台

観音正寺《かんのんしょうじ》
☎0748-46-2549
P25台（有料、2／1〜12／25は山上まで通行可）

日野

留守宅を守った女性の息づかいが聞こえる清々しいまちなみ

日野の町筋を歩くと、清々《すがすが》しいまちなみが続き、往時の面影が「曳山《ひきやま》山倉」や「桟敷《さじき》窓」に見られ、随所に掲げられている案内板が親切な解説を加えている。

近江八幡や五個荘《ごかしょう》では、近江商人に関する情報の提供や関連の施設の充実が積極的であるが、比べて日野ではひっそりと、かつての文化を伝えている。しかし、多くの文人墨客が逗留《とうりゅう》したこの町のあちこちには、馬見《うまみ》岡綿向《おかわたむき》神社や信楽院《しんぎょういん》をはじめ、多くの歴史的文化資源が残る。商人たちの旧家が並ぶ岡本町や南大窪町、清水町はみどころも多く、往時の歴史が息づく。

日　野

⬇日野祭　曳山

蒲生氏郷の政策と日野商人

日野全体と蒲生《がもう》の一部から出て、主として関東各地で活躍した商人を日野商人と称する。日野商人の根源は、中世の頃、この地域の領主であった蒲生氏の、当時では珍しい商工業保護政策という領国経営のあり方が大きく起因し、戦国武将として名声の高い蒲生氏郷《うじさと》の卓越した城下町経営が、その後に続く日野商人を生んでいったといえる。

　戦国時代の最中に、日野城主の嫡男として誕生した氏郷は、祖父定秀が新しくつくった城下町での商工業の活況を強く肌で感じながら育ち、その後信長の人質となった時、すでに楽市楽座の制度が整っていた信長の岐阜城下町経営のあり方を学び、日野城主となってからは、自ら日野城下を完全な楽市楽座とするためのさまざまな施策を行った。

　信長は、早くから人質としての氏郷の優れた才能を見いだし、自分の娘を氏郷に娶《めと》らせると人質の身分を解き、日野城に戻した。日野に戻った氏郷は、父に代わって城主となり、信長の安土城築城の際には、資材の調達や人夫の繰り出しに大きな功績を残した。戦に明け暮れる毎日ではあったが、人質時代に学んだ信長の政策を忠実に見習い、城下に十二条の掟を下し、完全な楽市楽座の建設に向かった。掟の第一条には「当町楽売楽買と成す上は、諸座諸役、一切これあるべからず」と、座制度による商品の流通を厳しく禁じ、蒲生氏領内の街道を商人が素通りすることを禁じた。さらに商人たちは必ず日野の町で一泊し、その持ち荷を日野の市場で商うことを指示した。しかも商人たちに課せられていた一種の税金も日野市場での商いには一切取らないこととするなど商人を優遇したので、信長の安土の城下町と並んで、近江における商工業を中軸とした二大拠点として賑わっていった。

蒲生家の断絶と日野商人の誕生

信長の死後、氏郷の実力を恐れた秀吉の政策によって、氏郷は伊勢松坂、会津黒川（後の会津若松）に領地替えされるが、それぞれの土地でも産業振興政策を続け、現在の会津塗りの基礎は氏郷によってつくられた。しかしながら文武両道に秀でた氏郷も41歳で死去し、その後年、参勤交代の途中に病没した蒲生忠知には跡継がなく、鎌倉時代以来の名門蒲生家は寛永11年（1634）に断絶した。太平の世に奉公先がなくなり、途方にくれた家臣たちは、縁故を求めて日野に戻ったが、氏郷が日野を去って50年の間に日野の町はすっかり寂れ、家臣たちを受け入れる余地はなかった。そこで生活の糧を求めて、かつての勤務地の会津に職探しに出掛けた。この時、旅の路銀の足しでもなればと思い、京で古着を求め会津に向かったところ思いのほか、飛ぶように売れたのである。

当時の経済文化の地域差が影響して、上方の文化を関東に伝えることが商売になることを知った人々が、次第に商人として日野と関東を往復するようになっていった。こうしたことが江戸時代に活躍した日野商人の発祥とされる。

⬆蒲生氏郷像
当初の銅像は戦時中に供出されたが、その後ひばり公園に建設された。算盤と筆をもったその像は、文武両道に秀で商工業振興を進めた人物像を表している。

⬆日野鎌掛（かいがけ）の集落

⬆千両松

⬆曳山見物のための桟敷窓（さじきまど）

日野

蒲生上郡の宗社として栄え、領主蒲生氏の氏神となった馬《うま》見《み》岡《おか》綿《わた》向《むき》神社は、日野商人の崇敬を多く集め、現在も日野の人々の信仰が厚い。毎年5月2～3日にかけて豪華な曳山の登場する日野祭は春の例祭で、各町内からのはやしに併せて繰り出した曳山が綿向神社に向かい、昼前には勢ぞろいする。祭礼は県の無形文化財で、絢爛豪華な渡御の祭りは芝田楽をはじめ3基の御輿、16基の曳山を中心に行われる。境内には、中井源左衛門寄進の拝殿や絵馬があり、関東から盆栽の根元に小判を入れて持ち帰り、無事帰郷の礼に境内に松を植えたという「千両松」や日野商人寄進の灯籠や石橋などが、その財力と信仰心を物語っている。

⬆馬見岡綿向神社境内の灯籠

➡祭礼の図

⬆日野椀

日野商人と特産品

日野椀

　起源はさだかではないが、日野近くの永源寺の奥には轆轤《ろくろ》細工を生業とする木地師《きじし》発祥の地といわれる君ヶ畑・蛭谷《ひるだに》があり、天文2年（1533）に蒲生定秀が城下町を建設した時には塗師町・堅地町の町名がみられる。天正18年（1590）には蒲生氏郷が日野周辺に散在していた職人を集めて、城下に住まわせたとされ、木地生産・塗り物の職人が日野周辺から集まり、日野椀の基礎が確立された。

　当時の記録では「塗師《ぬりし(ぬし)》が繁盛し、日野の七、八分も塗師職で生活していた」と述べられている。多くの工程を必要とする椀づくりは、塗師を中心とした家内制手工業で生産され、その製品は堅牢で丈夫な日常品としての素朴さがあった。

　日野椀の製造の最盛期は江戸時代前期で、その後、日野商人の主力商品は合薬になり、江戸時代初期には、200軒もあった塗師も宝暦6年（1756）の大火が直接の原因で、次第に衰退し今ではすっかり途絶えてしまった。

日野の売薬

　漆器の評価が下がり、売り上げが減少して、新しい商品開発

⬅萬病感応丸看板（正野家）

➡日野商人像

が必要となっていた時、東北地方への行商を行っていた正野玄《しょうのげん》三《ぞう》が、「神農感応丸《かんのうがん》（のちの萬病感応丸）」の調合に成功し、正徳4年（1714）正月より一斉に販売を開始した。日野椀のようにかさばることがなく、携行に便利で高価なことから多くの商人が扱い始めた。日野商人が全国に持ち下って宣伝販売をしたことで、日野の売薬は急速に普及し、評判が高まると、他の日野の商家でも製造が始まった。寛保3年（1743）には町内に109軒の合薬業者が出現し、30以上の薬名の売薬が登場した。

以後、甲賀の売薬とともに需要が高まり、生産も周辺の製薬業者に広まったが、昭和18年の企業整備令で正野家を含む町内の製薬業者約30軒が合併し「近江日野製薬（日野薬品工業の前身）」を設立した。現在では日野薬品工業ほか8社で「万病感応丸」が取り扱われている。

日野商人

日野の中心部大窪《おおくぼ》には、日野商人の歴史や文化を伝える「近江日野商人館」がある。この建物は、静岡県御殿場《ごてんば》で醸造業を中心として活躍する日野商人山中兵右衛門の本宅で、昭和56年に日野町に寄贈されたのを契機に当時の商人たちのようすを展示する「近江日野商人館」となった。日野商人の扱い商品の日野椀や薬をはじめ、関東で活躍した日野商人の資料のほかに、日野の歴史や文化を伝える展示内容となっている。

⬆登録文化財の指定を受けた正野家

日野の千両店

日野商人の出店《でみせ》の数は他の地域の商人より圧倒的に多く「千両たまれば新しい店を出す」「三里四方、大釜で飯を炊くところに出店」というように各地に小型の店舗を拡充し、店舗間のネットワークを広げていった。大都市に大店《おおだな》を張った八幡商人とは異なり、比較的辺鄙《へんぴ》なまちに出店した日野商人のことを、大店を構えた八幡商人が「日野の千両店《せんりょうだな》」と名付けたといわれる。

➡正野玄三

山中兵右衛門

日野椀の塗師の末っ子として生まれた初代兵右衛門を行商に駆り立てたのは本宅の倒産だった。家を再興するべく、日野椀の行商を始め、駿河《するが》(静岡県)への道中では、旅費を節約するため、畑の大根を頼んでもらい受け昼食にしたという話が残る。

それ以後山中家では、家の基礎を築いた初代の苦労を思い、大根を粗末に扱わなかったという。20歳の頃から日野と駿河御《ご》殿場《てんば》との行商に励み、御殿場が地方経済の中心であるという立地の良さに着眼して享保3年(1718)に日野屋を開店。御殿場は宿場町で、商品運搬の道、富士参詣の道者《どうしゃ》道で、将軍への献上のお茶壷の通る道でもあり、地方経済の中心地だった。以後沼津、小田原、清水などに店舗を拡大し、酒の醸造と販売業を中心に現在も興隆している。

正野玄三

正野《しょうの》家は16世紀の初めより関東方面に商いをしていた旧家で、7代目を継承した萬四郎も、初めは東北に行商していたが、母の病気を治癒した京の名医として名高い名護屋《なごや》丹水の門下を希望し、人の命を救う医業への道を志すこととなった。35歳で入門が叶い、それ以後医術の研鑽に勤め業績は次第に広がっていった。元禄10年(1692)に剃髪して玄三《げんぞう》と改めた。医者としての名声は高まったが、直接の治療には限界があることを感じた玄三は、病気で困っている多くの人々の治癒のためにと「神農感応丸」の調合に成功。その後、この薬がよろずの病に特効があるということから「萬病感応丸」と改称された。近年正野家から薬の調合を記した「永代調合」や薬の販売先を記録した「諸方看板」が発見され、当時の製薬の方法や販路を全国に拡大していった様子がうかがえる。

➡中井源左衛門

中井源左衛門

行商から身を興して豪商となった代表的な日野商人。悲運のなか、19歳で家運挽回を図って関東に出向き合薬行商で元手金を増やし、次に太物《ふともの》（麻・木綿類）を取扱商品に加え、地元の商人と共同で質屋も営んだ。下《しも》野《つけ》（栃木県）の城下町で商業中心地だった大田原《おおたわら》の出店に続いて共同出資で東国から畿内へと次第に出店網を張りめぐらし、行商を始めた時の元手20両が晩年には10万両を越えた。

近江日野商人館に残る家訓「金持商人一枚起請文」（7頁参照）では、金をためる商人のみが善人であると営利を肯定しながらも、感謝の気持ちをもって人知れず世間への還元を力説している。中井家の史料は現在滋賀大学経済学部附属史料館に寄託され、多くの研究者によって調査が進み、西洋の複式簿記の登場と同時期に、すでに整備された会計方式が採用されていたことが立証されている。

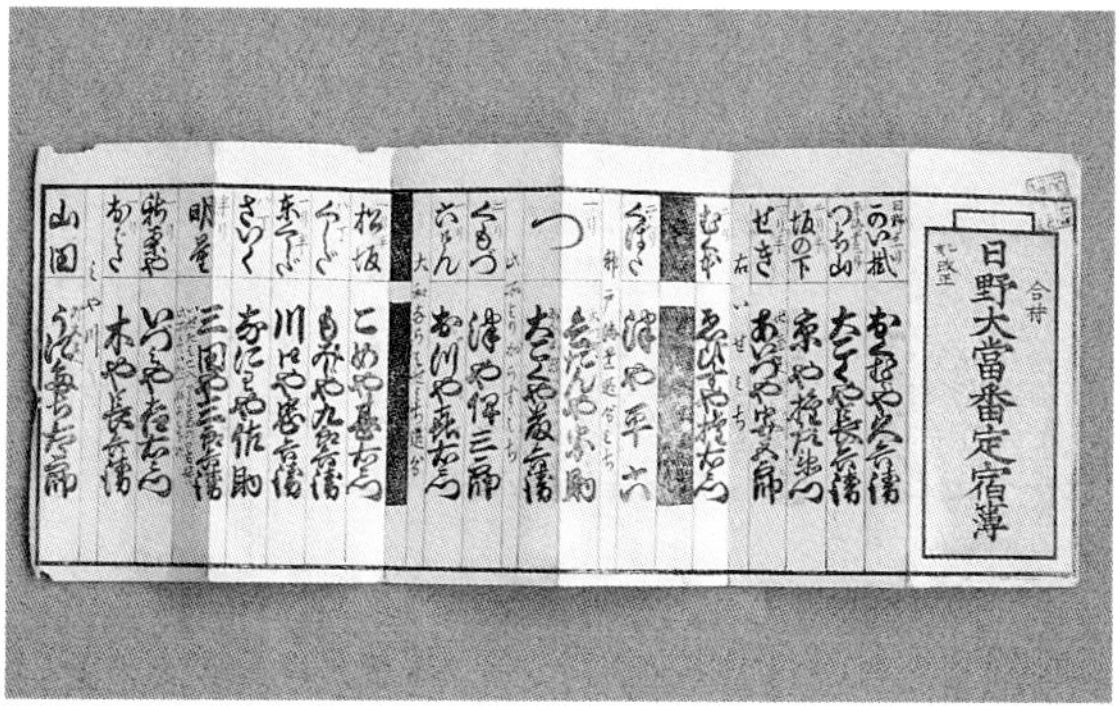

➡日野大当番定宿簿

矢尾喜兵衛

初代矢尾喜兵衛は14歳で単身武蔵（埼玉県）秩父《ちちぶ》に赴き、矢野新右衛門家に奉公した後、主家から借財して秩父で醸造業を始めた。喜兵衛の実直さと薄利多売の商いが信用を増し、次第に商売は隆盛を極めていった。しかし主家の恩義に対しての報恩の意を込めて、安永3年（１７７４）以来およそ１００年間にわたって、毎年金１００両を主家に納めていたといわれる。

その後、一般食料品、雑貨の販売をはじめ、明治には秩父絹を扱い、現在は百貨店グループを率い、清酒「秩父錦」の製造と卸業など多角的経営を秩父で展開している。

⬆信楽院（しんぎょういん）の天井画

➡近江日野商人館内

➡信楽院
聖武天皇の勅建と伝わり、蒲生家代々の菩提寺で浄土宗の寺院。安土桃山時代に蒲生貞秀がこの地に移した。境内には樹齢300年を超える梅の古木があり、本堂の天井には日野出身の高田敬輔（けいほ）作の巨大な龍の荒れ狂う様を描いた「雲龍」を中心に縦横11mの画が残されている。高田敬輔は日野の薬種業の家に生まれ、やがて狩野山楽の系統の永敬の門人となったが、その後雪舟の画法に惹かれ、82歳の長寿を全うするまで多くの水墨画を残した。日野には多くの作品が伝えられ、梅桃老人や竹隠という号も使っている。

➡日野商人定宿看板

街道の定宿で情報を収集

当時の交通事情では、商品を遠くの土地に送るには、大変な危険が伴った。こうした危険を回避するために巧みな情報のネットワークの活用が必要となり、相互扶助と幕府の保護を守るための組合組織である「日野大当番仲間《だいとうばんなかま》」を結成し、一方で街道沿いの宿舎を固定した。大当番仲間は、幕府の庇護のもとに売掛金の徴収が滞った場合には、その領主に訴えて幕府の威光で徴収できる権限を持っていた。こうした多くの特権があったことから、日野商人だけでなく、近江八幡や五個荘《ごかしょう》の商人も大当番仲間に参加し、明和7年（１７７０）には町村数45、仲間加盟人数４３９人となり、商道にはずれることなく仲間同士がどこにいても助け合う旨などを記した12ヶ条を定めた。交通事情が大きく変わった明治になるまでこの制度は続いた。

東海道や中山道を利用して関東や東北へ移動していた商人たちは、街道の宿場に定宿《じょうやど》を持ち、「定宿帳」を携行して旅をしていた。定宿は一般の旅籠《はたご》とは異なり主人は世襲制で、商人たちにとって信頼のおける宿であった。一方では情報交換の重要な拠点であり、多くの情報に通じた主人から、一般的な世間の動きは当然のこと、さまざまな商業情報も集めていた。さらに、現金に代わって、為替取引もできる機構となっており、商人にとっては便利な存在であった。

情報収集には、各地の出店も大きく影響を及ぼしたが、支店網を張りめぐらせても限界があり、同郷の商人たちはお互いに各支店を商品の保管などに利用しあい、委託販売や他商店の商品を代わりに販売する代理店方式を採用した。当時の会計簿から、営業手数料や支払い手数料の記録をみることができる。

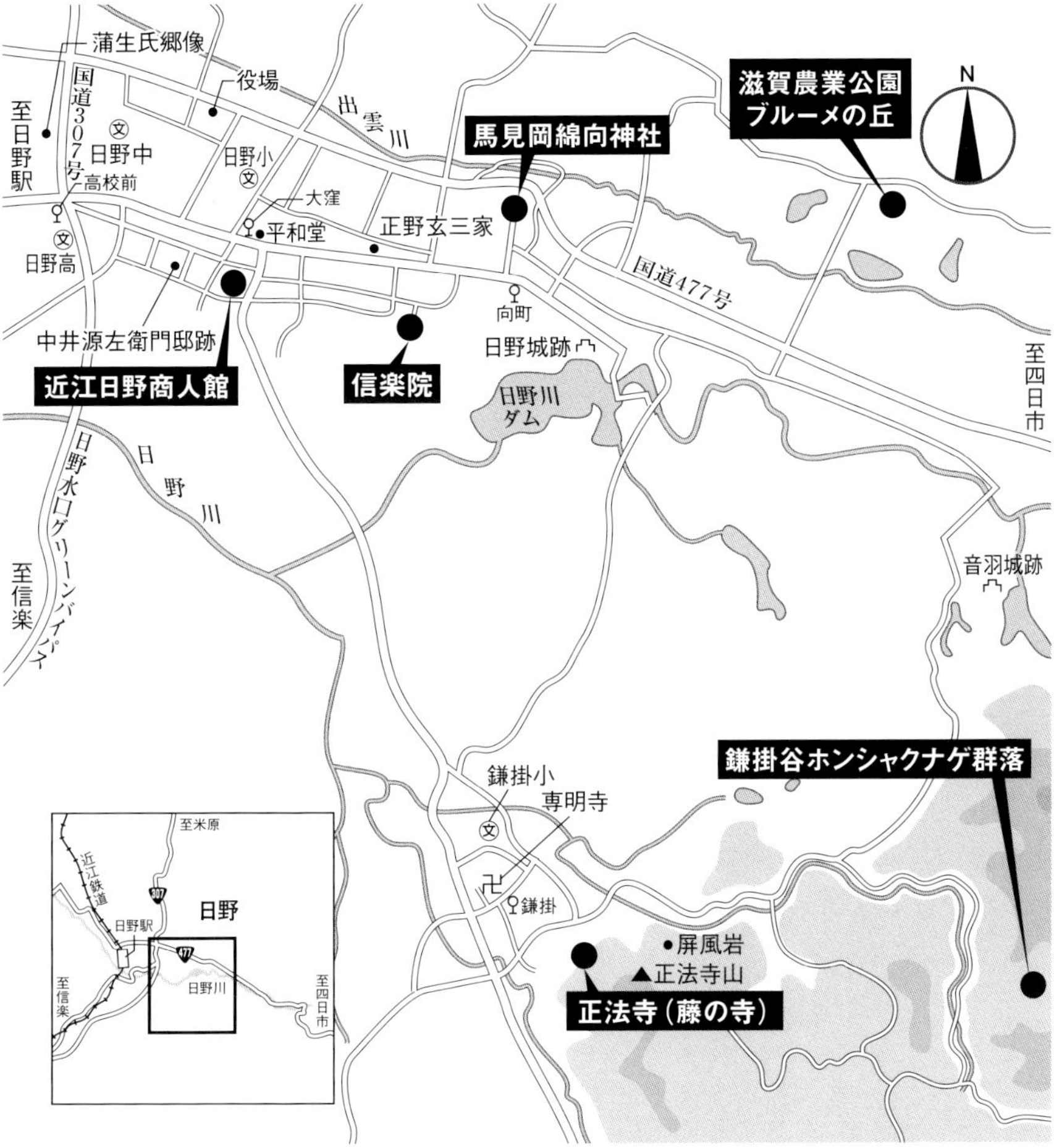

日野を訪ねる

◇電車で　近江鉄道日野駅からバス大窪下車、徒歩３分（近江日野商人館）
◇車　で　名神高速八日市ICから20分または竜土ICから25分

近江日野商人館《おうみひのしょうにんかん》(旧山中兵右衛門邸《きゅうやまなかひょうえもんてい》)

典型的な日野商人本宅の特徴を残す建物で、行商品や道中具、家訓などが展示されている。
☎0748-52-0007　時9:00～16:00
休月・金曜日、年末年始　¥300円
P15台

信楽院《しんぎょういん》

蒲生氏の菩提寺。日野出身の画家高田敬輔が描いた豪快な雲龍の天井画は、県の文化財に指定されている。

☎0748-52-0170　P８台

滋賀農業公園ブルーメの丘《しがのうぎょうこうえんぶるーめのおか》

中世ドイツの農村をイメージした体験型観光施設。パンづくりやソーセージづくり、乳搾り体験などができる。
☎0748-52-2611　時9:30～18:00（季節によって変更あり）　¥800円
P3000台（大型可）

馬見岡綿向神社《うまみおかわたむきじんじゃ》

中世には蒲生氏、近世には日野商人の崇拝を受け、境内には拝殿をはじめ多くの立派な寄進物が残っている。

☎0748-52-0131　P５台

正法寺《しょうほうじ》(藤の寺《ふじのてら》)

５月上旬から中旬頃、樹齢約300年の藤が棚いっぱいに開花。重要文化財の石造宝塔や、芭蕉句碑などの文化財も多い。

☎0748-52-4422　P40台（大型可）

鎌掛谷ホンシャクナゲ群落《かいがけだにほんしゃくなげぐんらく》

４月下旬から５月上旬に約２万本が開花する天然記念物。開花期間中は日野駅から臨時バス運行（要問合せ）。
☎0748-52-6577（観光協会）
P220台

高島

北国海道に沿って古代のロマンと街道文化が息づく

　高島は北陸と京都を結ぶ北国《ほっこく》海道《かいどう》（西近江路）沿いに開けたまちで、琵琶湖での良港があり、万葉集にも高島を詠んだ旅の歌が7つも残る。地域内を流れる鴨川《かもがわ》流域には、鴨古墳・鴨稲荷山古墳をはじめ多くの古墳が確認され、明治の頃、道路工事中に発

高島

➡旧北国海道沿いには大きな商家が並び、京と北陸を結ぶ要衝の地の面影が残る。

⬆琵琶湖の湖中に立つ白鬚神社の鳥居

見された鴨稲荷山古墳からは120余点の副葬品が出土し、中には朝鮮半島からの輸入品もあった。被葬者はこの地域一帯を統治していた豪族三尾《みお》氏の首長と考えられている。ここから南に600mのところに鴨古墳があり、貞観15年（873）の名のある日本最長の木簡をはじめ、多くの墨書土器が出土している。安曇川《あどがわ》にかけての一帯は、継体《けいたい》天皇に関する史跡が多く、壬申《じんしん》の乱の三尾城、恵美押勝《えみのおしかつ》の

➡鵜川四十八体石仏群

⬅鴨稲荷山古墳の家型石棺

乱の勝野鬼江など古代史に登場する地名が残る。湖上に建つ朱色の鳥居で有名な白鬚《しらひげ》神社をはじめ、水尾神社・長谷寺《はせてら》など古代よりの歴史を伝える神社・仏閣も存在する。白鬚神社近くの鵜川《うかわ》には、観音寺城主・佐々木六角義賢《ろっかくよしかた》が亡き母・呉羽御前の菩提を弔い建立した石仏群が琵琶湖を向いて静かに佇む。

大溝城と城下

天正6年（1578）織田信長の甥の織田信澄《のぶすみ》が築城した大《おお》溝城《みぞじょう》は、信澄の義父明智光秀が設計し、琵琶湖に水路が通じ、乙女ヶ池と川と堀を要塞とした水城で、安土・長浜・坂本の各城を結ぶ湖上ネットワークの重要な位置にあった。

本能寺の変の後、信澄は大坂

⬆大溝城跡
織田信澄が築城した当時は琵琶湖岸に建ち、浮城のような光景を見せていたという。住宅が近くまで迫り、石垣だけが往時の名残りを留める。

城で丹羽長秀に攻め殺され、元和5年（1619）に分部《わけべ》光信《みつのぶ》が大溝城に入るまで、代々城主や代官が入れ代わった。分部氏は本丸跡だけが残る城下に陣屋をつくり職人町を形成し、城下町を整備した。本町・中町・西町・石垣の各通りには、道路の中央に水路が走り、最近まで生活用水や非常用水の役目を果たしていた石積みの水路が城下町当時を彷彿させる。職人町から陣屋に通じる総門や笠井家武家屋敷は、数少ない藩政時代の様子を残している。職人町・蝋燭《ろうそく》町・紺屋町など町家のあった町名が今に伝わるが、十四軒町には近世商業史を飾った小野組の総本家の屋敷跡が残る。

⬆乙女ヶ池
大溝城の外堀の役目をもっていた。湖岸道路の建設で湖岸線が消え、内湖の趣きは少なくなったが、この地を詠んだ万葉歌碑が建つ。

⬆近藤重蔵の墓
北方開拓の先覚者として活躍し、エトロフ島に「大日本恵土呂府（えとろふ）」の標柱を建てた近藤重蔵は、長男の殺傷事件によって大溝藩にお預けの身となり、幽閉されたこの地で『江州本草』30巻を著し、59歳で亡くなった。墓地は瑞雪院にあり明治44年には北方探検の功により正五位が贈られている。

⬆圓光禅寺に残る大溝藩主分部氏歴代の墓所

⬆鴨稲荷山古墳
朝鮮半島伝来の副葬品が出土し、豪族三尾氏の首長の墓といわれる。古墳の形状は見られないが、家型石棺をみることができる。

高島商人

湖西の高島や安曇川《あどがわ》から、遠く盛岡にまで出掛けて定住したのが高島商人で、先人の縁故をたよりに、次々と東北に出掛け、盛岡を中心に大きな勢力を持つようになった。江戸時代中期には南部領（盛岡を中心に青森・岩手・秋田3県にまたがる地域）の商権を一手に引き受け、明治維新後、その中心的な小野組は新政府の公金を預かり、新政府の経済基盤を支えていた。現在も多くの滋賀県出身者の企業が盛岡の経済の中心で活躍している。

中世の南市商人

高島地域での商人の発生は中世にまでさかのぼり、安曇川南市《みなみいち》には五番領《ごばんりょう》城下で開かれていた市で商いを行う南市商人がいた。南市商人は小幡《おばた》商人らとともに五箇《ごか》商人団に含まれ、若狭から九里半《くりはん》街道を通り塩魚などを運搬していた。高島商人は、高島地域から東北に出掛けた商人を総称し、直接的な高島商人の発祥は、安土桃山時代に大溝の城下町整備のために、東北や北海道の松前と通商していた商人が大溝へ招かれたことが、大きなきっかけといわれる。高島商人は近江商人の中でも最も早く東北への進出を果たしている。

村井新七と小野権兵衛

最初に盛岡に出掛けたのは、武士から商人に転身した村井新七で、慶長15年（1610）のこと。村井新七は岸和田城主浅井の九男で、高島の村井庄を領地とし、病気のため武士をやめて農民となった。浅井氏の滅亡後は、大溝を離れ京都に隠れ、商人になっている。大坂冬の陣に徳川方として出陣していた南部藩27代藩主南部利直は、兵站《へいたん》を担当していた上方商人との関係が深まり、村井新七もその一人であった。やがて盛岡城下の整備が進むと、利直はこのとき知り合った新七を盛岡に呼び寄せている。

➡村井新七と小野権兵衛

➡飯田新七

南部利直は、都市機能優先のまちづくりを始め、商人町をつくり上方の商人たちを優遇した。受け皿の整った盛岡にやってきた新七は京町に土地を与えられ、ここが郷里からやってきた人の「草鞋《わらじ》脱ぎ場」となって、小野権兵衛や村井市左衛門などが盛岡に定住していった。かれらが盛岡での近江商人の始祖といわれ、異郷の地での結束を固めるために「内和《うちわ》」といわれるチェーン化・系列化のような制度を生み出し、盛岡を中心とする東北での近江商人系の同族意識が強まり、商売の上で大きな成功をおさめる要因となった。江戸時代から明治になると幾多の困難があったものの、店制の改革を図り、新しい事業に乗り出していった。村井新七が店舗を構えた上の橋付近には、近江屋を冠した商店が残り、岩手県内には現在も末裔の方々が、各方面で活躍している。

「高島屋」の創業者飯田新七

京都で米屋を営んでいた飯田儀兵衛は、生まれ育った高島郡南新保村の地名から屋号を「高島屋」と名付けた。儀兵衛は福井から京都の呉服屋に奉公していた新七の働きぶりを見込んで娘の婿に迎えたが、新七は米屋の経験がないことから義父と相談して同じ「たかしまや」の屋号で天保2年（1831）に分家独立して呉服商を始めた。これが現在の百貨店高島屋の創業である。

➡ガリバーの看板

高島とアイルランド

「ガリバー旅行記」をモチーフに構想された青少年旅行村の誕生をきっかけにアイルランドとの交流が始まり、商家を改修した「びれっじ」では高島の郷土文化に加えアイルランド文化も紹介している。JR近江高島駅前では、ガリバーが船を引くモニュメントで出迎えてくれる。

➡ガリバー青少年旅行村

➡「びれっじ」1号館内

⬆城下町の建設の時、道路の中央に石積みの水路が作られ、生活用水としてまた防火用水として活用されていた。現在も町のあちこちに見ることができる。

北国海道沿いで油屋や醤油屋などを営んでいた古い商家を改修した、たかしまアイルランド交流館「びれっじ」では、商家の歴史を伝えると同時に、トンボ玉や染色など工芸文化の新しい風を入れた「びれっじ」1号館から4号館までが、北国海道沿いに誕生し、大溝祭りの山車《だし》蔵と調和したまちづくりが展開されている。

悲劇の豪商「小野組」

盛岡に定住した高島商人のうち、小野家は井筒屋、村井家は近江屋・鍵屋の屋号で京都を本拠地に定めて、南部地方と大溝に居を構え、金融業や酒造業を営むようになった。また、南部と京都・大坂・江戸の三都間の産物の公益にも従事し、江戸時代中期以降には、江戸幕府の公金を扱う金銀御為替御用達となって有数の両替商に成長し、南部領の商権を手中に収めるにいたった。封建時代の各藩では、商人たちが力をつけてくると、藩の財政の運営に商人の資金力を頼り、苗字帯刀を許可すると同時に、御用金の納入を命じたり財政運用に当たらせ、盛岡の小野一族も、藩内での勢力の拡大とともに藩札の発行や鉱山の開発を任せられるようになり、このことが村井・小野一族に次第に大きな災いを招くようになった。

盛岡藩は「七福神札」という藩札を発行し、その発行所総裁に村井市左衛門を迎えたが、乱発したため金融恐慌を招き、天保の飢饉と重なり村井をはじめとする藩内の質屋は破産状態に追い込まれた。さらに、藩への貸付金の返済を迫った小野善助・小野権右衛門店の盛岡からの追放に発展し、追放は免れたものの小野善助は、これを期に京都に引き上げた。明治維新を迎える頃には、小野一族は「小野組」と称して、明治政府の為替方・府県為替方という公金出納に関わる有力揚力な金融業者入に転身し、三井組や島田組とともに、当時の日本の金融界の3大勢力のひとつとして躍進、第一国立銀行の設立の参画をはじめ、生糸貿易、製糸業、鉱山業、製靴業など多方面に活躍した。しかし、大蔵省の突然の政策変更に対応できず、一転して全国に30を超える支店網を誇った小野組も、明治7年に倒産した。しかし、組織がなくなったものの、近江系の人材は残り、一族や店員にその精神が引き継がれ古河市兵衛（古河鉱業の創業者）や瀬川安五郎などがその後に活躍している。他方、盛岡の村井一族は現在も健在で、盛岡を中心とする地域で経済の中枢をになっている。

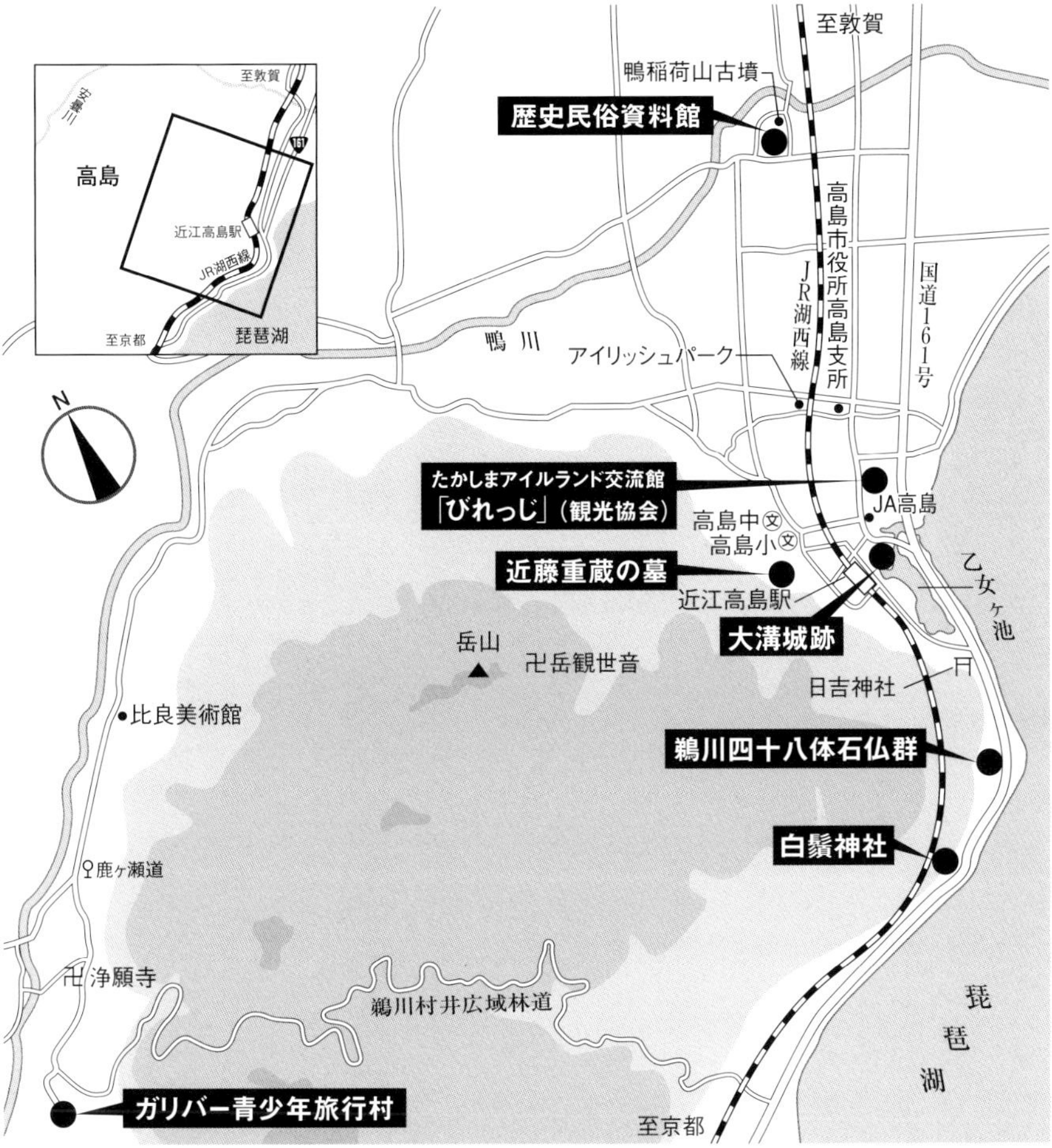

高島を訪ねる

◇電車で　JR湖西線近江高島駅から徒歩３分（大溝城跡）
◇車　で　国道161号志賀バイパス比良ランプから15分

歴史民俗資料館《れきしみんぞくしりょうかん》

鴨稲荷山古墳の近くにあり、出土した副葬品や実際に使われていた民具などを展示している。
☎0740-36-1553
時９:00～16:00（土曜日は11:30まで）
休月曜日、土曜日午後、祝日、年末年始　P8台

たかしまアイルランド交流館「びれっじ」《たかしまあいるらんどこうりゅうかん「びれっじ」》

１号館のパブやカフェのほか、２～４号館に染色・味・ステンドグラス・キャンドルの各工房がある。
☎0740-36-1266（１号館）
時館により異なる　休月曜日　P30台

大溝城跡《おおみぞじょうあと》

安土・桃山時代に織田信澄が湖岸に築城。古地図によると、城堀を内堀、乙女ヶ池を外堀とする水城で、「鴻溝城」とも呼ばれた。現在は石垣などが残っている。

☎0740-36-8135（観光協会）

近藤重蔵の墓《こんどうじゅうぞうのはか》

江戸時代に国後・択捉島などの北方領土を探検した近藤重蔵の墓が瑞雪院の墓地にあるほか、その遺品類が隣接する圓光寺など町内各所に収められている。

☎0740-36-8135（観光協会）

鵜川四十八体石仏群《うかわしじゅうはったいせきぶつぐん》

観音寺城城主の佐々木六角義賢が亡母を弔うため、対岸にあたるこの地に建立した阿弥陀如来坐像。

☎0740-36-8135（観光協会）

白鬚神社《しらひげじんじゃ》

湖中にある朱塗りの大鳥居は国の重要文化財。祭神は猿田彦命。
☎0740-36-1555　時８:00～17:00
P50台

ガリバー青少年旅行村《がりばーせいしょうねんりょこうむら》

☎0740-36-2001　休12／1～3／31
¥400円　P300台（大型可）

中山道沿いに残る近代化を目指した商人の足跡

←伊藤忠兵衛記念館（旧伊藤忠兵衛邸）

湖東平野の中部に位置する豊郷は、江州音頭《ごうしゅうおんど》発祥の地のひとつとして知られ、北海道開拓で活躍した藤野家、総合商社伊藤忠を興した伊藤忠兵衛、絹織物の輸入で財を成した薩摩治兵衛《さつまじへえ》など、江戸時代後期から明治にかけて活躍した近江商人が生まれている。

豊郷での商人の発祥は、美濃《みの》紙《がみ》の専売権利を持つ枝村《えだむら》商人が、領主の保護を受けて活躍した中世に遡る。中山道《なかせんどう》に沿ったまちなみには、落ちついた風情の町家が並び、商業の近代化に尽くした商人たちの心意気が伝わってくる。

➡先人を偲ぶ館
豊郷出身の先人を顕彰する施設。近江商人伊藤長兵衛・忠兵衛兄弟をはじめ、古川鉄治郎、薩摩治兵衛らとともに、郷土のために貢献した人々の足跡を紹介している。

➡藤野四郎兵衛

中世枝村商人と紙座

豊郷の中心を旧中山道、これと平行して東海道新幹線・近江鉄道が走り、西部には国道8号が通過する。

中世には、四十九《しじゅうく》院《いん》市、枝村市の市座があり、枝村商人は京都・近江における紙の専売権である美濃紙本座を持っていた。枝村は東山道《とうさんどう》(のち中山道)の沿道にあり、美濃紙の集散地であった美濃（岐阜県）大矢田と京都のほぼ中間に位置する地理的条件が、紙の運搬に携わる商人が生まれた要因であった。

守護の保護のもとにあった美濃紙商売も、戦国時代に入り美濃が戦場となると美濃商人以外から紙を仕入れ、東山道以外の通行の手だてを考えるなど、旧来の流通経路にかかわらない新たな対応に迫られた。さらに新興勢力の保内商人の攻勢を受け、たびたびの紙荷争論の結果、枝村商人は敗北し、保内商人の伊勢通商の独占化がより強固なものとなった。

藤野四郎兵衛家

枝村商人の本拠地である下枝の藤野家からも又三郎・又十という紙商人が出ており、商人の系譜は近世に続く。

初代藤野喜兵衛は、農家に生まれ、20歳で北海道の松前に渡り独立開業した。当時の北海道松前には、すでに八幡《はちまん》商人や両《りょう》浜《はま》商人（彦根市柳川《やながわ》・薩摩の商人の総称）が活躍し、天明6年（１７８６）の富豪番付17名の中には、近江商人が11名を占めるという状況であった。藤野喜

➡石畑のモニュメント

兵衛が松前に渡ったのは寛政2年（1790）、さらに奥地の釧路・十勝・根室方面の漁場を商圏とした。資金投下した商人に漁場が与えられるようになると、建網を改良するなど従来の漁法を大きく進歩させたため漁獲量は急増。文政12年（1830）には、回船事業に進出し北前船7隻を持つまでになった。

天保7年（1836）、湖東一帯は大変な凶作に見舞われ、この時藤野家では自宅や千樹寺《せんじゅじ》の改修を行い、困窮する人々に手間賃や食糧を与えた。いわゆる「お助け普請《ぶしん》」といわれるもので、他の近江商人も同様に凶作時に行っている。

初代の遺志を継いで北海道で活躍した2代四郎兵衛は隠居後、彦根藩主井伊《いい》直弼《なおすけ》が藤野邸に宿泊したことから懇意となり、彦根藩への財政援助を行い、さらには資金不足で困窮していた藩窯《はんよう》「湖東焼」の再建に乗り出した。湖東焼は大名好みの贅沢な仕様で生産が行われていたので、四郎兵衛の財力を以てしても叶うものではなく、結局直弼の暗殺を契機に藩窯から民間へと移行されることとなった。

2代四郎兵衛の子、辰次郎は明治20年に分家独立し、北海道開拓使が創設した根室の缶詰工場の払い下げを受け、サケ缶詰の製造を開始した。明治24年には「五陵北辰」の商標を道庁より譲与され、一段と信用を増した商品の海外輸出を始めた。この時作られた缶詰は現在「あけぼの印」の缶詰として受け継がれている。

江州音頭発祥の地のひとつ

⬆千樹寺（せんじゅじ）
江州音頭発祥の地として知られる千樹寺は、信長の兵火で焼失。藤野太郎右衛門が天正14年（1586）に再建し、落慶法要の際に寺の住職根與上人が経文に節をつけて歌い、地元民を手振り足振りで踊らせたところに群衆も参加して踊ったのが江州音頭の始まりとされる。しかし、この時の音頭は現在のものとはかなり異なる。後年またも火災に遭遇したが、藤野四郎兵衛によって現在地に再建され、弘化３年（1846）に遷仏供養が行われた。八日市の祭文作りの名人「歌寅」を招いて一般民衆向きの音頭を作らせ節をつけて踊ったものが、次第に現在のような江州音頭へと普及していったといわれる。

豊郷

➡松前庭園といわれる豊会館の庭

⬅豊会館内部

⬅一里塚の碑

中山道沿いに「又十屋敷」と書かれた大きな看板がよく目につく藤野家の屋敷跡は、藤野家が豊郷を去った後、村役場として用いられていた。その後、地元住民の手によって明治百年記念史料館として保存され、民芸展示館を併設し、「豊《ゆたか》会館」と名付けられている。玄関脇には、豊郷町石畑にあった一里塚の碑が移されており、屋敷内には鈍穴作といわれる池庭式の庭園があり「松前庭園」と呼ばれている。

近代日本の商社をつくった豊郷商人

初代伊藤忠兵衛

伊藤忠兵衛

丸紅や伊藤忠商事を創業した伊藤忠兵衛の本宅が中山道沿いに残り、顕彰碑がくれない園に建つ。

伊藤忠兵衛は、天保13年（1842）に紅長《べんちゅう》という商家の次男に生まれ、近江麻布《まふ》の行商を始めたのが安政5年（1858）。この年を伊藤忠商事、丸紅の創業としている。忠兵衛が売り歩いた近江商人の代表的な持ち下り商品の近江麻布の生産の中心が豊郷一帯であった。豊郷近在で家内工業によって作られた近江麻布または高宮布《たかみやふ》の需要は西日本一帯の家庭に深く浸透しており、近江商人の代表的な扱い商品であった。最初の行商で予想以上の収益を得た忠兵衛は、翌年には山陽地方から、海路を選んで下関にまで足を延ばし、ここで長崎の繁栄ぶりを耳にし、さらに長崎まで出向いた。長崎では停泊する黒船、行き交う異国人、見慣れぬ舶来品などに動転しながら大きな感動を受け、商圏は国内だけでないことを感じ取り、小売りから次第に卸商へと転身していった。明治5年には大阪に店を構え、明治18年には将来の需要を見越してラシャ、ビロードの輸入に踏み切り伊藤外海《とのがい》組を神戸に設立して本格的な貿易を開始。やがて伊藤

➡伊藤糸店繁栄之図

忠商事の名は世界に轟いていった。

伊藤長兵衛

6代目伊藤長兵衛は5代目の長男に生まれ、父の死後、襲名し「紅長」を相続した。初代伊藤忠兵衛は6代目長兵衛の弟で、元服すると新家を興して独立した。6代目長兵衛は明治5年、博多に呉服卸商伊藤長兵衛商店を開店。以来九州一円に販路を拡大し、明治15年には京都に仕入れ店を開き、その後丸紅商事へと大きく発展していった。初代丸紅社長を務めた7代目長兵衛は大正14年に私財を投じて財団法人豊郷病院を設立し、医療設備の乏しい豊郷の医療の充実に寄与した。昭和10年頃には軍需景気に乗り、業績は飛躍的に進展し、2代目忠兵衛は、伊藤家全事業を一丸に合併を考えるが、これを頑として受け入れなかったのが古川鉄治郎であった。

古川鉄治郎

12歳の時より丸紅の丁稚《でっち》奉公《ぼうこう》から商魂を鍛え上げた古川鉄治郎は、後に丸紅の専務となるが、昭和12年5月、当時60万円を豊郷小学校の建設資金として投じた。同校は県下初の鉄筋コンクリート造の校舎となり、最新の設備が整えられた。「国運の進展は国民教育の振興にある」と考える鉄治郎の気概が感じられる。60年余りを経た現在も田園地帯にその姿をとどめる旧校舎は「近江兄弟社」を創立したウィリアム・メレル・ヴォーリズの設計によるもので、空間と調和した一体的なデザインは今日でも高く評価されている。

⬆豊郷小学校旧校舎

➡豊郷小学校旧校舎の階段手すり

豊　郷

⬆唯念寺
四十九院という地名は行基が創建した四十九の寺院に由来し、その寺院のひとつである唯念寺が中山道沿いにあり、行基が彫ったと伝わる阿弥陀如来像と弥勒菩薩像を本尊とし、雄大な本堂や「芙蓉閣」と名付けられた書院や庭園がある。

⬅阿自岐（あじき）神社
渡来人阿自岐氏が応神天皇の時代にこの地を拓き、その祖神を祀ったものといわれ、神社の南の茶臼山古墳は阿自岐氏の墓と考えられている。2万m2もある社域の境内はほぼ全部が庭園となっており、「池泉多島式庭園」は日本最古の庭園として貴重な文化財。東の取水口には、那須与一の矢がささって水がわき出たと伝えられる「矢池」がある。

巨万の富を得た薩摩治兵衛と パトロンに徹した3代目バロン薩摩

貧農の家に生まれた薩摩治兵衛は、江戸時代末期に日本橋の呉服問屋に奉公の後、木綿商として独立。横浜の開港と同時に輸入絹布で莫大な資金を得、その財力は黎明期の日本の産業振興に大きく貢献してきた。

貧しい生まれの治兵衛は倹約を旨とした生活を行う一方で、日本で最初に避雷針を自宅に設置するなど進取の気性に富み、後に華族となった。

2代目治兵衛は、もっぱら商売は番頭に任せて芸術を愛し、3代目の治郎八の良き理解者であった。治郎八は若くしてイギリスに留学。さらにフランスに渡り、ここで、洋画家藤《ふじ》田《た》嗣治《つぐはる》との出会いを皮切りに、新しい音楽や芸術が誕生する時代のパリの社交界を中心としてフランスの文化を吸収していった。ラヴェルらの作曲家と交際のあった彼はフランス政府の要請でフランスの現代音楽を日本に紹介し、一方では岡本《おかもと》綺堂《きどう》の『修善寺物語』のパリ公演を企画して日本文化をフランスに紹介するなど、日本とフランスの文化交流に活躍した。さらに、関東大震災後、財政が逼迫《ひっぱく》していた日本政府に代わって私財を投じてパリに日本館を建設している。無尽蔵な財力を背景に、パリの社交界の寵児となった彼は、自らの見返りを求めることなくパトロンに徹し、多くの日本人画家への援助を行うと同時に、所有の美術品をプラハの国立美術館にも多数寄贈。この寄贈美術品が公開された頃、さしもの薩摩商店も、世界大恐慌のあおりを受けて閉店。資金源を断たれた治郎八は、昭和26年には無一文で帰国。その後はパリでの生活を伝える著作を執筆しつつ、徳島で余生を過ごし、昭和51年に76歳で亡くなった。

日本の城郭をイメージした日本館はピエール・サルドウーの設計で、玄関脇にはフランス語で「日本館—薩摩財団」と記されている。館内には藤田嗣治の壁画が飾られ、建設資金は10億円を超えるといわれる。建設の功績により治郎八は、レジオン・ドヌール勲章を授与されている。

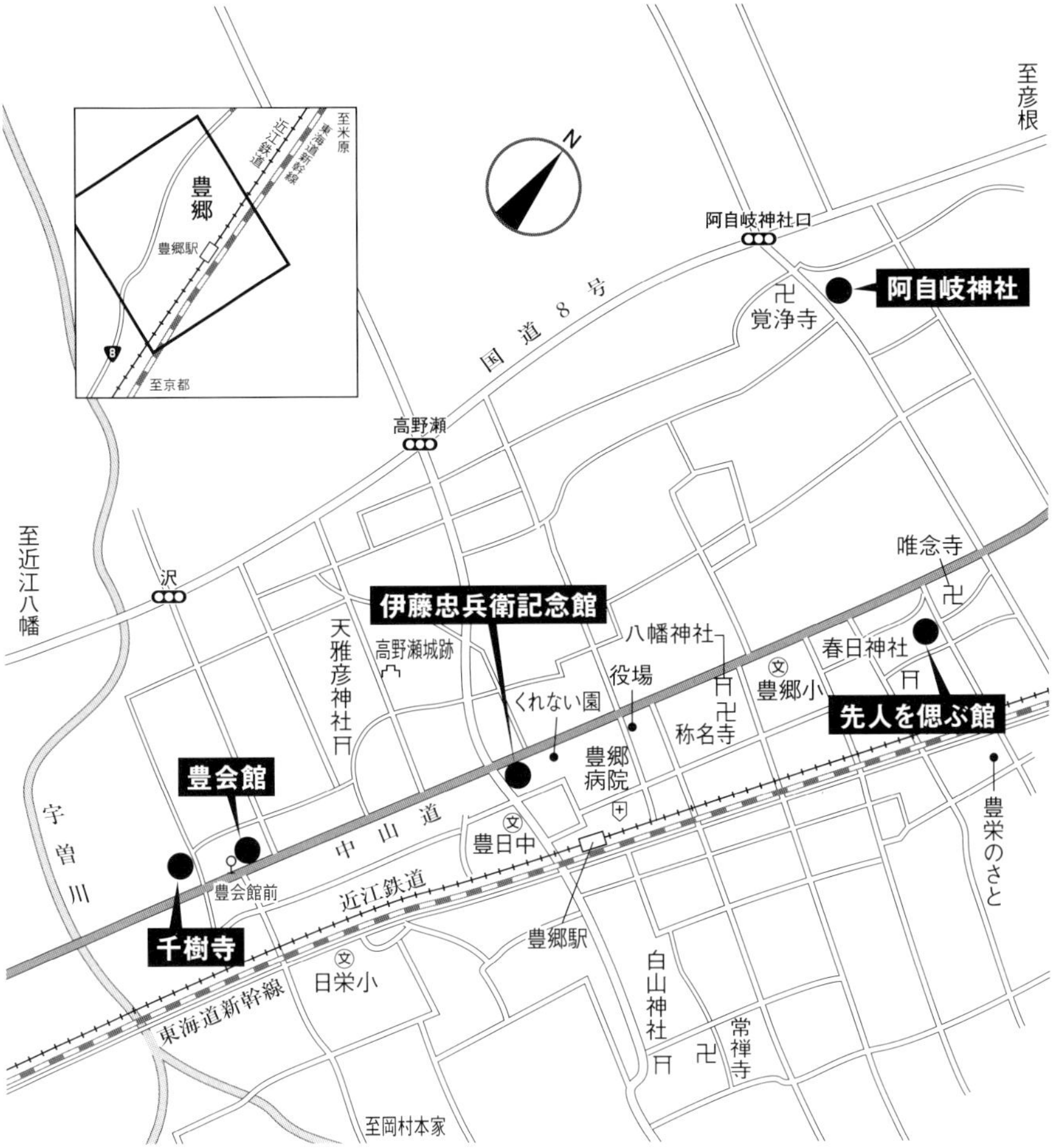

豊郷を訪ねる

◇電車で　近江鉄道豊郷駅から徒歩３分／JR稲枝駅からバス豊郷駅下車、徒歩３分（伊藤忠兵衛記念館）
◇車　で　名神高速彦根ICまたは八日市ICから30分

先人を偲ぶ館《せんじんをしのぶやかた》

建物は薩摩治兵衛が寄付したパリの日本館をモチーフにしている。

☎0749-35-2484　時10:00〜16:00（火・木・土曜日開館）　P８台

伊藤忠兵衛記念館《いとうちゅうべえきねんかん》（旧伊藤忠兵衛邸《きゅういとうちゅうべえてい》）

中山道沿い「見越しの松に黒い塀」が目印がわりになっている。

☎0749-35-2001　時10:00〜16:00（火・木・土曜日開館）

豊会館《ゆたかかいかん》（又十屋敷《またじゅうやしき》・旧藤野喜兵衛邸《きゅうふじのきへえてい》）

北海道に漁場をひらき、廻船業を営んだ藤野喜兵衛の旧邸。
☎0749-35-2356　時９:00〜16:00
休金曜日　¥200円　P10台

千樹寺《せんじゅじ》

信長の兵火で消失したが、藤野喜兵衛の先祖・太郎右衛門の寄付で再建された。江州音頭発祥地のひとつ。

☎0749-35-3247　P５台

阿自岐神社《あじきじんじゃ》

渡来人を祀る「あじきさん」。ずらりと並んだ石灯籠に沿って、池泉多島式庭園が広がっている。

☎0749-35-2743

岡村本家《おかむらほんけ》

創業以来150年、手づくりにこだわる清酒「金亀」蔵元。酒蔵見学や試飲ができるほか、食事も可能(要予約)。

☎0749-35-2538　P50台（大型可）

湖東地方

近江盆地の中に広がる湖東平野は、渡来人の伝えた文化が色濃く残り、鈴鹿山麓には西明寺《さいみようじ》・金剛輪寺《こんごうりんじ》・百済寺《ひやくさいじ》の名刹が連なる。紅葉の季節は特に華やかに彩られる。歴史を伝える古刹とともに、「探検の殿堂」のような新しく楽しめる施設もある。小林吟右衛門、松居泰次良《たいじろう》、堤康次郎の本宅とともに、代表的な近江麻布《まふ》の製造工程を伝える「手織の里金剛苑《こんごうえん》」などの近江商人関連施設が点在する。

⬆近江商人郷土館内の箱階段

⬆隠居後の当主統括の場となっていた隠居蔵（近江商人郷土館）

近江商人郷土館

➡近江商人郷土館（旧小林吟右衛門邸）

小林吟右衛門

江戸時代後期から明治にかけて登場した湖東地方の近江商人は、近代企業に転身し今も老舗企業群として存続している。

湖東の近江商人郷土館は、「丁吟《ちょうぎん》」の屋号で知られる小林吟右衛門家の屋敷と土蔵が改修され公開されているもので、近年まで当主が住まいしていたこともあり、館蔵品や建物の保存状態に優れ、近江商人の商業活動や生活様式を鮮明に伝えている。川の水を引き込んだ川戸蔵や、隠居後の当主統括の場となった隠居蔵などが当時のままに保存され、近江商人の成長を描いた映画『てんびんの詩《うた》』の撮影にも使われた。

小林家は、代々丁子屋《ちょうじや》吟右衛門を襲名し「丁吟」と称されていた。初代吟右衛門は、寛政10年（１７９８）に麻布《まふ》の行商を始め、やがて繊維卸、金融業を江戸・大坂・京都で営んだ。2代目吟右衛門は、天保2年（１８３１）に江戸店を開き、その後繊維卸業、金融業を営み順次拡大し、彦根藩主より苗字帯刀を許され藩の御用商人となった。

明治には、横浜正金銀行・東京株式取引所の設立発起人となり、東京銀行（のちの近江銀行）小名木川綿布会社（東京）・治田鉱山（三重）・近江鉄道の創設経営に参画した。大正10年に株式会社丁吟商店に組織を改め、現在はチョーギン株式会社と改称している。

近江商人と井伊家

幕末から明治にかけて活躍した小林家は、彦根藩井伊《いい》家と密接な繋がりがあり、近江商人郷土館には幕末の動乱期の情報資料や、明治の殖産興業政策に関与してきた状況を知る資料が多く保管・展示されている。

幕末に開国を進めていた井伊直弼《なおすけ》は、万延元年（1860）桜田門外で水戸の浪士らに暗殺されたが、その時の状況を伝える文書が、郷土館に残っている。井伊家の江戸屋敷から彦根城に事件の真相が伝わる以前に、すでに丁吟の京店には情報が届き、状況の変化にすぐさま対応することができたと伝わる。全国に張りめぐらせた近江商人の情報ネットワークの確実さ、迅速さを物語る一件である。

➡2代目小林吟右衛門掛軸

近江商人郷土館を訪ねる

◇電車で　近江鉄道八日市駅から
バス小田苅下車、徒歩5分
◇車　で　名神高速八日市ICから15分
または彦根ICから30分

近江商人郷土館（旧小林吟右衛門邸）
おうみしょうにんきょうどかん（きゅうこばやしぎんえもんてい）
☎0749-45-0002　時10:00～16:30（入館は16:00まで）
休月曜日、12／1～2月末　¥500円（団体は要予約）
P7台

⬆堤康次郎生家

堤康次郎の生家

湖東平野を走る近江鉄道は、のどかな風情が楽しめる鉄道としてファンが多く、その走行音から「ガチャコン」の愛称で親しまれている。創業１００年を超える近江鉄道は、名だたる近江商人によって設立され、その後、秦荘出身で箱根一帯の別荘地の開発を行った堤康次郎の西武鉄道の姉妹会社となった。

農家に生まれた堤康次郎は、学生時代からすでに事業を手掛け、やがて合理的経営で知られる西武王国を一代で築いた事業家。一方、36歳で衆議院議員に初当選以来、連続13回当選の政治家でもあった。生家は秦荘に残り、「感謝と奉仕」の精神を継承する研修の場となっている。

歴史民俗資料館を訪ねる

◇電車で　近江鉄道八日市駅からバス
　　　　　　　　　　診療センター前下車、徒歩20分

◇車　で　名神高速道路八日市ICから20分

☎0749-45-2188　時 9：00～16：00
休月・金曜日、祝日　P10台

手織の里金剛苑を訪ねる

◇電車で　JR稲枝駅からバス上蚊野下車、徒歩5分
◇車　で　名神高速道路彦根ICまたは八日市ICから20分

近江商人が扱った近江上布や秦荘紬の特性や美しさを、資料や実演を通して広く一般に伝える。藍染めや秦荘紬などの織り方が体験できるほか、予約すれば昼食も食べられる。

☎0749-37-4131　時 9：00～17：00（入苑は16：30まで）
休月曜日（4～11月）、日・月曜日、年末年始（12～3月）
¥310円（本麻ハンカチ1500円～）　P40台

松居泰次良と歴史民俗資料館

彦根城時報堂の鐘や木之本地蔵を生み出した東近江長村《おさむら》の鋳物《いもの》。起源は古く、江戸時代には多くの鋳物師《いもじ》がいた。周辺ある歴史民俗資料館では、この伝統の技術を保存・再現している。資料館は旧西押立国民学校の校舎を改修したもので、郷土の民俗資料や伝統産業を伝えている。

押立神社に隣接した旧校舎は、下一色《しもいっしき》の出身で大阪でメリヤス工場を経営していた松居泰次良《たいじろう》・房治郎兄弟の篤志によって昭和18年に建設された。松居兄弟は、小学校の建設の他、地域の水利の便をはかるなど、事業で得た収益を地元の発展のために惜しみなく提供してきた。本宅は、行政が買い取り「泰山閣《たいざんかく》」と命名され、文化事業に使われている。

➜泰山閣

北海道に夢を馳せた両浜商人

——彦根市柳川・薩摩

➡彦根市柳川の琵琶湖岸に建つ灯台が、柳川港の隆盛を伝える。

彦根市街から湖岸道路を能登川方面に向かうと湖岸線に美しい松並木が続く、この近くに北海道の開拓に出掛けた両浜《りようはま》商人のふるさと薩摩《さつま》・柳川《やながわ》がある。

湖上交通の良港として栄えた港も現在はその役目を終えているが、湖岸の石の灯台が歴史を語っている。薩摩の商人の歴史は中世の五箇《ごか》商人団に所属していたことにさかのぼるが、柳川の田付新助や建部七郎右衛門が最初に江差《えさし》に種を売りに出掛けた記録が残り、その後これらの土地から北海道に出掛けるようになった。江差には、重要文化財の旧大橋家住宅をはじめ、両浜商人の活躍の様子を伝える貴重な史料が残り、近江商人が伝えた文化が息づいている。

◇電車で　ＪＲ彦根駅からバス
　柳川緑地公園下車
◇車　で　名神高速彦根ＩＣから30分

住友中興の祖のふるさと

——野洲市八夫

広瀬宰平《ひろせさいへい》初代住友総理事とその甥にあたる伊庭貞剛《いばていごう》2代住友総理事は、ともに野洲市の出身。広瀬宰平は9歳の頃までここで過ごし、明治維新の動乱期には、財政難による住友銅山売却案に反対し、高山技師を要請するなど、外国資本に頼らずに住友の財政を再建させた。伊庭貞剛は、近江八幡市西宿《にしじゅく》の代々代官の家の長男だが、事情で母の実家の野洲市八夫《やぶ》で生まれ、7歳の頃までここで暮らした。少年の頃に、商家に生まれながら後に勤王の志士となった西川吉輔の門下となり、この時に定剛の精神土壌が培われたといえる。やがて判事となるが、叔父の広瀬の勧めで住友に入り、中心事業の銅山の煙害問題に取り組みはじめ、住友の近代化に努め、明治27年に総理事になった。広瀬とともに住友を支えた人物とされる。

➡住友中興の祖の生誕地・野洲市八夫に建つ顕彰碑

➡近江八幡市西宿の伊庭貞剛旧宅跡

生誕地の八夫に建てられた顕彰碑には、2人の業績を表した言葉「不撓《ふとう》の思想をもち、倫理を実践した」と刻まれている。

◇電車で　JR野洲駅からバス
八夫下車、徒歩10分

◇車　で　名神高速栗東IC
または竜王ICから30分

2大街道の主な探訪地

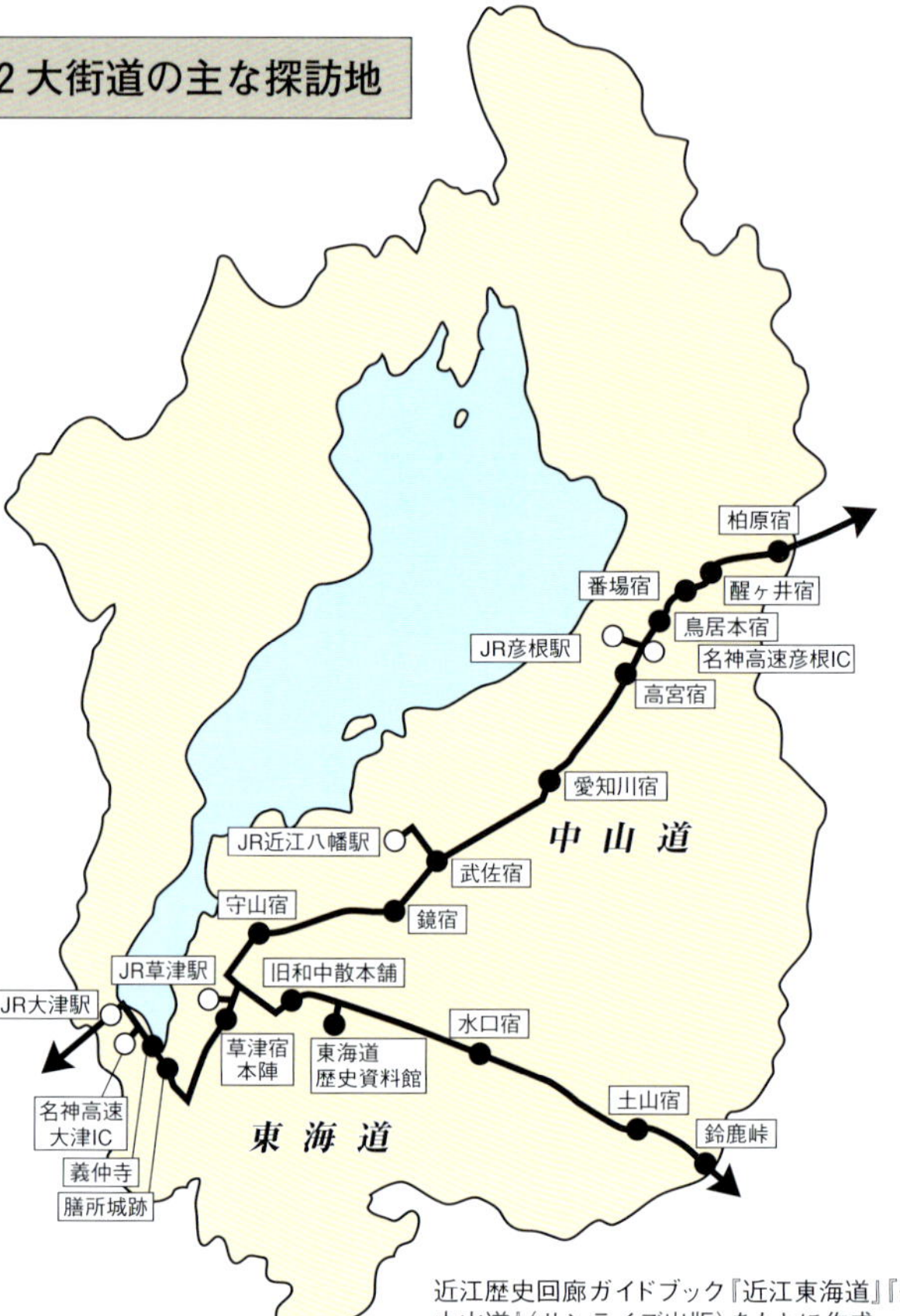

近江歴史回廊ガイドブック『近江東海道』『近江中山道』（サンライズ出版）をもとに作成

近江の街道と商人

近江出身で他国に出掛けて商売を行った商人を、他国の人が近江商人と称した。

一方、近江は東国と西国を結ぶ交通の要衝として古代より主要幹線道路が走る「道の国」でもあった。関ヶ原の合戦後、天下を掌握した徳川家康は、江戸と京都を結ぶ東海道と中山道を最重要街道として整備し、往来の人々の便宜をはかるために一里ごとに一里塚を設け、さらに宿場の整備を行った。水口《みなくち》宿には宿駅指定を通知した「御伝馬《おてんま》之《の》定《さだめ》」が残り、常備する馬の数や継立《つぎたて》の範囲を定め、伝馬役を引き受ける見返りとしての免税処

⬆広重の「東海道五十三次　草津」には正面にうばが餅を売る店が描かれている。店の右の道標は現存している。

置が記されている。

街道と宿場の整備が進み、人々の往来が激しくなり、江戸時代の庶民の旅ブームと相まって、近江の東海道や中山道にも特産品を独特の販売方法で商う商人が生まれてきた。『木曽路名所図会《ずえ》』や『近江名所図会』には、現存する商家の賑わいぶりが描かれ、３００年有余の歴史を伝えている。

➡うばが餅屋の跡には、矢橋道と石場の渡しを示す道標が残る。

⬅「東海道五十三次」に描かれた大津逢坂山走井餅屋

近江東海道の名物

「名物を喰うが無筆の旅日記」という川柳があるように、今も昔も旅の楽しみはその土地の名物を食べることにあり、とくに自らの脚だけが頼りという長い旅では、道中の茶店とその土地の名物を賞味することが大きな楽しみであった。

【うばが餅】　近江の東海道や中山道にも多くの名物や名産があったが、草津宿のうばが餅は、静岡の安倍川《あべかわ》餅とともに東西の両横綱格とされた。乳母（姥）の乳房をかたどった餅で、今も草津みやげとして販売されている。

【大津絵など】　大津の追分《おいわけ》から逢坂《おうさか》峠までの山あいの街道には、大津絵・算盤《そろばん》・針などを扱う商店が軒を連ねていた。大津絵は素朴さが好評で恰好の土産となり、現在は三井寺《みいでら》近くの2軒の店で売られている。また、大津が発祥の地である算盤や大津名産の池川針は、熾烈なPR合戦を展開していた。

【走井餅】　国道1号を大津から京都に入ったところの走井《はしりい》餅本家（井筒八ツ橋本舗）では、こうした大津名物の歴史を伝える資料を展示しており、かつての街道の商いの様子がうかがえる。

【目川田楽】　江戸時代、草津宿から東へ歩みを進めると目川《めがわ》立場（栗東市岡）が置かれていた。立場とは宿場と宿場の間に置かれた休憩所で、目川では田楽豆腐と菜飯を売る茶屋が立ち並んでいた。『近江名所図会』には、

郵 便 は が き

お手数なが
ら切手をお
貼り下さい

5 2 2-0 0 0 4

滋賀県彦根市鳥居本町 655-1

サンライズ出版 行

〒

■ご住所

ふりがな

■お名前　　■年齢　　歳　男・女

■お電話　　■ご職業

■自費出版資料を　　希望する ・ 希望しない

■図書目録の送付を　　希望する ・ 希望しない

サンライズ出版では、お客様のご了解を得た上で、ご記入いただいた個人情報を、今後の出版企画の参考にさせていただくとともに、愛読者名簿に登録させていただいております。名簿は、当社の刊行物、企画、催しなどのご案内のために利用し、その他の目的では一切利用いたしません（上記業務の一部を外部に委託する場合があります）。

【個人情報の取り扱いおよび開示等に関するお問い合わせ先】
サンライズ出版 編集部　TEL.0749-22-0627

■愛読者名簿に登録してよろしいですか。　□はい　□いいえ

ご記入がないものは「いいえ」として扱わせていただきます。

愛読者カード

ご購読ありがとうございました。今後の出版企画の参考にさせていただきますので、ぜひご意見をお聞かせください。なお、お答えいただきましたデータは出版企画の資料以外には使用いたしません。

●書名

●お買い求めの書店名（所在地）

●本書をお求めになった動機に○印をお付けください。

1．書店でみて　2．広告をみて（新聞・雑誌名　　　　）

3．書評をみて（新聞・雑誌名　　　　）

4．新刊案内をみて　5．当社ホームページをみて

6．その他（　　　　）

●本書についてのご意見・ご感想

購入申込書

小社へ直接ご注文の際ご利用ください。
お買上 2,000 円以上は送料無料です。

書名　　　　（　　　冊）

書名　　　　（　　　冊）

書名　　　　（　　　冊）

⬅栗東市六地蔵の「旧和中散本舗」大角家
梅木に唯一建物が残る和中散屋。薬草を磨り潰すための大きな動輪が圧巻。

店先の大きな火鉢で串に刺した豆腐をあぶる茶屋と、それに舌鼓を打つ旅人の様子が描かれる。田楽豆腐はここ目川が発祥であるが、街道を通じて京都北野や江戸浅草をはじめ諸国へ広まり、「目川」と称して田楽豆腐と菜飯を売る店が各地にできた。

【和中散】　目川立場をさらに東へ進むと、梅木立場（栗東市六地蔵）が置かれていた。ここの名物は胃腸薬、暑気払いの薬として知られた和中散《わちゅうさん》である。梅木立場には数軒の和中散屋があり、東海道をゆく旅人に和中散を煎じた薬湯を無料でふるまっていた。和中散屋のなかには、店子《たなこ》に和中散を持たせて諸国へ振り売りさせる店もあった。和中散は、是斎《ぜさい》、定斎《じょさい》ともいい、和中散を納めた振売箱を天秤棒で肩から提げ「是斎でござい」といいながら振り売りして歩く店子の売り声は夏の風物詩として知られていた。

➡『近江名所図会』より、目川の茶店

【水口十瓢など】　ここからの道中には、広重の浮世絵にも描かれた水口宿の干瓢《かんぴょう》や煙管《きせる》・水口細工を商う商家があった。土山宿にもかつての商いの様子がうかがえる看板が残るが、その商売を今に伝える商家は残っていない。それでも街道には本陣が現存し、宿場町の風情が漂っている。

➡広重の『木曽街道六拾九次』に描かれた柏原宿

中山道の道中薬

【亀屋佐京】　岐阜県に隣接した中山道柏原《かしわばら》宿は、江戸時代に描かれた本陣の間取り図などの資料を展示する「柏原宿歴史館」を中心に、現在も宿場町の面影

➡中山道柏原宿の亀屋佐京

➡中山道鳥居本宿の赤玉神教丸本舗

を色濃く残している。

伊吹もぐさを扱う亀屋佐京では、昔ながらの切りもぐさや現代人の好みにあった新商品のお灸などを販売。店内には、当家のシンボルである大きな福助さんがデンと構え、歴史の深さを物語っている。

【赤玉神教丸】　４００年の歴史を誇る鳥居本《とりいもと》宿の有川家は、多賀大社の神の教えによって調合したという健胃薬を製造・販売するほか、各地の薬屋との取次販売を行い、大津の追分にも出店していた。現在も「赤玉神教丸」として広く親しまれている。

中山道鳥居本宿を訪ねる

◇電車で　近江鉄道鳥居本駅からすぐ
◇車　で　名神高速彦根ＩＣから15分

街道の商人の販売戦略

伊吹もぐさ「亀屋佐京」のCMソング

寛政（1789〜1800）の頃に江戸でもぐさの販売をしながら、効果的でしかも、全国的な販売戦略を模索していた亀屋佐京もぐさ店の6代目当主松浦七兵衛は、行商や江戸での販売で得た利益を江戸の吉原での遊興に使い、やがて馴染みが増えた時、宴席で亀屋佐京のもぐさをPRする歌を歌わせるようにしむけた。

「江州《ごうしゅう》柏原　伊吹山ふもと　亀屋佐京のきりもぐさ」は、今でいうCMソングの元祖で、同時に同じ歌を市中で売り子にも歌わせて売り歩いたことで、江戸では伊吹の切りもぐさが有名となった。さらには、自店を題材とした浄瑠璃をつくり、各地で上演するという戦略を打ち出した。

　さらに、街道沿いの店舗の隣の住居には、豪華な庭園を造営し、大名などの休憩所として用いさせた。江戸末期、皇女和宮《かずのみや》が江戸下向の途中には、空前の交通量で10日余りにもわたって、京都から江戸に向かう人の流れがあり、店頭の商品は底を着いたという話が残る。

⬆亀屋佐京の店内に置かれる「福助さん」。当家の番頭がモデルともいわれるが、奇抜な販売戦力の一端でもあったのだろう。

中山道柏原宿を訪ねる

◇電車で　JR柏原駅から徒歩5分

◇車　で　名神高速米原IC
または関ヶ原ICから15分

無料湯茶の接待と製造実演が人気を博して

　東海道鳥居本宿の名薬赤玉神教丸と並んで知られる梅木立場（栗東市六地蔵）の和中散は、センブリなどの数種の薬草を磨り潰した胃腸薬である。梅木立場の和中散屋では和中散を煎じた薬湯を旅人に無料でふるまっており、その様子は『近江名所図会』などにも描かれている。和中散屋には店の奥に薬草を磨り潰す大きな歯車を持った製薬機器を据えつけるところもあった。機器は動輪とよばれる大きな車輪状の機構のなかに人間が入り、足で踏んで動輪を廻す動力で歯車を動かすようになっていた。機器が大きな音を立て動く様子は、和中散屋の軒先で一服する旅人たちの目を大いに奪ったことであろう。

　梅木に数軒あった和中散屋のなかでも唯一建物を残す旧和中散本舗の大角家には、こうした製薬機器などが現存する。大角家はまた、諸大名の小休所にもなっており、大名たちが休息をとった書院に面して備えられた庭園には池や滝が設けられ、かれらの目を楽しませたことをうかがわせる。

　他国に出かけた近江商人は種々の販売戦略を展開してきたが、近江で商売を行っていた商人たちも、常に全国市場を視野に置き、地元の消費者だけを顧客と考えず全国各地から街道を往来する人々への販売を重視していたことがわかる。

旧和中散本舗を訪ねる

◇電車で　ＪＲ手原駅から徒歩30分
◇車　で　名神高速栗東ＩＣから10分

⬆鳥居本に残る合羽所の看板

➡『近江名所図会』には、和中散や神教丸の店頭で湯茶の接待が行われている様子が描かれている。

➡中山道高宮宿

⬆高宮には多賀大社の一の鳥居があり多くの参詣者で賑わった。

⬆『近江名所図会』に描かれた布物。堤惣平は中山道に店を構えて成功した布商人で、明治になり、同業者が次々廃業していくなか、ここだけは繁盛した。

⬆高宮神社に隣接する代々庄屋を務めた馬場家。高宮神社や鳥居脇、小林家前には芭蕉句碑が建つ。中山道第２の宿場の面影を本陣の表門や現存する脇本陣にみることができる。

⬅近江上布の伝統を受け継ぐ企業が多い愛知川の中山道のまちなみ。

代表的な扱い商品「近江上布」

中山道第2の宿場高宮の「布惣」

高宮宿は、石高《こくだか》、人口ともに中山道で2番目の規模をもつ宿場で、本陣1軒、脇本陣が2軒あった。町の中央、円照寺前には本陣の門が残り、街道沿いには脇本陣、高札所などの標識が宿場の様子を伝える。旅の途中の松尾芭蕉が着用の紙の衣服を埋めた紙子《かみこ》塚や芭蕉にまつわる史跡も残る。多賀大社への参道がまちの中央部から延びており、多賀大社一の鳥居が郵便局近くに建つ。

中世には荘園が成立し、東山《とうさん》道《どう》に沿って市が立った古くからの町で高宮氏の居城高宮城の城館跡がみられ、時宗の名刹高宮《こうぐう》寺《じ》は多くの文化財を伝える。高宮神社前には、かつて高宮布を扱う「布惣《ぬのそう》」があり、近江商人の代表的な扱い商品であった近江上布《じょうふ》を販売していた。「布惣」は『木曽路名所図会』や『近江名所図会』にも店の様子が描かれ、高宮布として全国に広まっていった様子がうかがえる。

中山道高宮宿を訪ねる

◇電車で　近江鉄道高宮駅から徒歩5分
◇車　で　名神高速彦根ＩＣから15分

彦根藩の殖産振興政策と近江上布

中世にその発祥の起源をもつといわれる近江麻布《まふ》は近江上布ともいわれ、湖東地方で加工生産され高宮の問屋に集められ、礼服や蚊帳《かや》に加工して全国に売り出されていった。近江麻布が高宮布のブランドで全国的に有名になり需要が伸びたのは、近江商人の活躍と同時に生産品を集める問屋の存在が大きく係わっていた。

麻布の行商から身を興した近江商人は多く、五個荘《ごかしょう》の外村《とのむら》与左衛門、塚本助左衛門、松居久左衛門、山中利右衛門、伊藤忠兵衛らがあげられるが、麻布の生産を地場産業として興隆させたのが五個荘の中村治兵衛《じへえ》で、農作業の暇な時期の副業として地域に定着させ、関東で販売し、都会の消費者のニーズを取り込んできた。

江戸時代後期には、各地で殖産振興政策が起こるが、彦根藩では国内の諸産物の統制を行うなかに高宮布を取り上げ奨励し、藩の進物用とした。需要が高まるとともに、藩では麻布改所で検査を厳重に行い、合格品のみを販売してきたことが品質の向上となった。一方で技術開発も進み、高宮の郡田新蔵は板締絣《いたじめかすり》を発明し生産の効率化をはかり、能登川「布市《ぬのいち》」の阿部市郎兵衛は「阿部絣」を草案して新しい展開を試みた。明治20年には愛知川《えちがわ》に近江麻布同業組合ができ、いっそうの商品の改良に努め尺幅の統一や染色・晒《さらし》法を完全にして品質を高め、伝統を守ってきた。化学繊維の登場と生活様式の変化で、麻織物の用途は大きく変化したが、現在も伝統を残しながら近代設備を整え、寝具を中心とした生産を高めている。

明治維新後、没落した大阪を産業都市として復興したのが、当時の花形産業の繊維産業であったが、綿工業の発展を促進し、原料輸入を行ったのが近江商人である。「布市」の阿部房次郎の東洋紡績をはじめ帝国人絹、旭人絹などの明治以降の繊維産業の興隆には、近江商人の財力が大きく影響を及ぼした。

中山道愛知川宿を訪ねる

◇電車で　近江鉄道愛知川駅から徒歩10分
◇車　で　名神高速八日市ＩＣから20分
または彦根ＩＣから30分

近江商人が作った近江鉄道

近江鉄道の設立と近江商人

明治29年9月、地元資本の出資によって彦根―愛知川《えちがわ》―八日市―貴生川《きぶかわ》を結ぶ近江鉄道の建設が始まった。

古来、伊勢参りには、中山道から御代参《ごだいさん》街道を経て、土山から東海道に入るルートが一般的であったが、この道路網に代わる鉄道の敷設が近江鉄道設立の主な目的であった。会社の設立には、彦根市の大東義徹や西村捨三《すてぞう》をはじめ、中井源左衛門、正野《しょうの》玄三、小林吟右衛門、阿部市郎兵衛ら近江商人の出資により、資本金百万円が集まった。

着工した年、琵琶湖周辺は史上最大の水害に襲われたうえ、日清戦争後の不況も重なり、当初の100万円の資金では全線の工事が不可能と判断され、工区を分けての実施となった。第1期工事として、明治31年には彦根―八日市間が優先して開通。開業当時には1日に上下各5本を運行した。第2期工事の八日市―貴生川間の着工にあたっては、資金調達が困難を極め、株主の並々ならぬ意気込みにより1年近い歳月をおいてからであったが、無事工事は再開された。

開業まもなく、各私鉄と提携した明治33年12月30日から翌34年1月5日までの期限付き伊勢参宮大割引が大当たりして、この間の乗降客は2万7千余人にのぼった。近江鉄道の開業による沿線住民の歓喜は大きかったが、会社の経営は、開業祝賀記念式当日にも午後からは、財政整理案を審議しているという状況であった。

昭和3年には全線を電化し、近江八幡―八日市間の湖南鉄道との合併などで、路線拡張へと発展してきた。昭和18年には、秦荘《はたしょう》出身の堤康次郎が近江鉄道の経営を引き受け、現在は西武鉄道グループの一員となっている。

近江鉄道　☎0749―22―3301

⬆湖東平野を走る近江鉄道

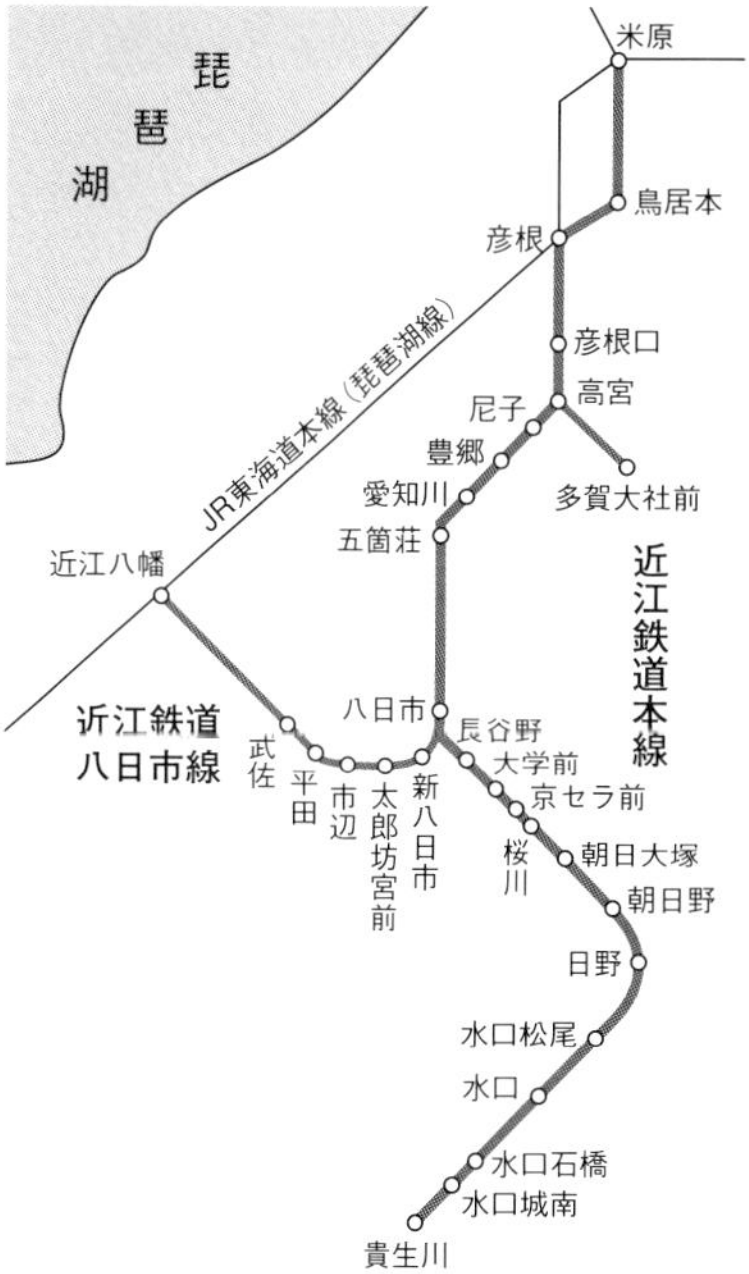

⬆コミュニケーションゾーンのある愛知川駅舎

陰徳善事の遺産

⬆草津川堤防の常夜燈
日野商人中井正治右衛門が文化13年（1816）に草津川の川越えの渡し場に東海道と信楽への分岐点を示す道標を建立。道標の設置とともに永代油料として銀２貫を添えている。現在は移設され道の反対に建つ。

隠徳善事の遺産

➡車石
京都と近江を結ぶ難所の逢坂峠は、昭和初期に国道1号の工事で峠の頂上が掘り下げられたが、江戸時代の文化2年（1805）にも幕府の主導で峠道を含め京都―大津間に「車石」と呼ばれる石板が2列に敷設され、牛車通行の便宜が図られた。この時の工費は1万両であったが、日野中井家が京都店と本店から各100両ずつ拠出している。現在は移設されて、大津市歴史博物館前などでみられる。

感謝の気持ちから社会のために

商いでは利益を生むのが当たり前、客の立場でいい商品を満足できる価格で提供し、真心を込めて販売することは、商いの本筋。しかも売った側も正当な利益が得られることはどの商人も共通に心掛けていた。しかし、近江商人と呼ばれた人々は、さらに「世間よし」という理念を常に持っていた。売る人、買う人、双方が喜ぶという行為の上に、さらに社会的に正当な商いをすることが共通の商売の理念であった。昨今、企業倫理のモラルに対する、社会の非難や批判が大きくなっているが、近江商人は社会的な基本倫理を侵かすことなく、商いを継続してきたことで、現在もその理念や商法が手本とされている。

「地域のおかげ、社会のおかげ」を実践

近江商人の「世間よし」の考えを現実に実践した結果が利益の地域社会への還元であった。近江商人の商家の家訓には「陰《いん》徳《とく》」という語が多くみられる。人知れず社会公共のために巨額の寄付する精神は理解しにくくなっているが、近江商人の間では存在していた。

■中井正治右衛門の場合

日野商人初代中井源左衛門の子である正治《しょうじ》右衛門《えもん》（1765～1838）の社会への寄付行為は圧巻で、その数は79件、総額は当時の金額で8678両に達していた。これにより苗字帯刀を許され、没後80年の大正になっ

て従五位が贈られている。

【瀬田橋の架け替え】

文化9年（1812）に東西の交通の要衝であった瀬田川に掛かる橋の架け替え工事での必要工費は1000両であったが、正治右衛門は幕府に3000両の寄付を願い出ている。工費以外の2000両は利殖して、再び橋が老朽化した時の準備として提供したと伝わる。

その他には、通行の難所であった逢坂峠と日の岡峠の区間に「車石《くるまいし》」を敷設する工事への寄付や、草津川堤防の常夜燈の設置と永代油料の提供などが知られ、史跡として今に伝わっている。

■勝海州を驚嘆させた
塚本定次の場合

五個荘商人の塚本定次《さだじ》は父定右衛門の教えを守り堅実経営に努め、事業を発展させるとともに、地域社会のために多くの事業を行い、弟正之とともに「治水・治山の父」といわれているが、懇意であった勝海州のところへ相談に出向いた。その時の様子が、『氷川清話《ひかわせいわ》』に書き留められている。

要約すると、「塚本定次は平素より質素な身なりで贅沢もしない商人であるが、ただ者ではない。思いがけなく利益が出た時にはその利益を学校への寄付と従業員への利益配分に回す。もともと自分の力で得た利益ではなく、従業員が真実一生懸命に働いた結果であるからと言い、またある時は自分の所有の荒れ地の処分については、春の桜や紅葉が楽しめるようにと桜や楓《かえで》を植え、少しばかりの土地をただで貸与するよりは、村中の快楽となることだろうと言う。芭蕉について教えてくれたのも彼で、芭蕉の余徳が深く人《じん》間《かん》に入っていることは、ただの発句の巧妙なる故ではない。と思っていたが、いわゆる近江商人は、実はその芭蕉の教導訓示によりできたと言う。このことを聞いて積年の疑いが解け、大いに気持ちが清々した」と述べている。

この塚本定次が日常、大切にしていた商売の方法は、

①お客様の家の繁栄を願う。

②注文された商品はすぐに渡せるようにしておくこと。

③品物の吟味を厳重に行うこと。

④総体的に無理をしないこと。

であり、現代のビジネスに充分通用する姿勢であった。なお、この時植えられた桜や楓は成長

し、多くの人々を楽しませている。

【50年先の仕事をした塚本兄弟】

『氷川清話』ではさらに「滋賀県の山林のために2万円を寄付したが、この金がなくなる頃には山林も繁植するであろう。自分は見届けられないが、天下の公益のためなら仕方がない。50年先の仕事をしておくつもりだと言う。こんな人が世間にどれほどいるか。日本人ももっと公共心が必要だ」と述べている。塚本兄弟の社会貢献が忘れられようとしている昨今、滋賀県文化財保護協会の北村圭弘氏が次のように警鐘を鳴らしている。

江戸時代の後期以降に激化した燈火用の松根の乱掘によって琵琶湖周辺にはハゲ山が多く、降雨のたびに山肌が洗われて大量の土砂を流出し、滋賀県の河川の多くは、川底が周囲の平野部より高い天井川となっていた。天井川はふだんは伏流水化して田用水を得にくくする一方、いったん豪雨となれば、たびたび堤防が決壊して人々の生活を重大な危機にさらしていた。こうした状況が深刻化した明治時代の中期、これを大いに憂い、その解決のために莫大な私財を投じたのが、塚本合名会社（現在のツカモト株式会社）の当主定次と弟の正之であった。湖東の秀峰・繖山《きぬがさやま》を見て育ったことから、治水の肝要は治山にあると確信し、砂防・植林の費用として滋賀県に莫大な寄付を行った。

植林による成果があらわれはじめた明治38年2月、兄の定次が死去すると、兄弟をよく知る地元民が、それを惜しんで発意して同年の8月、神崎郡山上村（永源寺町）に兄弟への感謝の意を込めた頌徳碑が建てられた。その後滋賀県の力添えで次々と建立されたものの現在では、忘れ去られている現状である。治山治水はもとより、学校の建設や道路の改修等の公共事業にも、莫大な私財をなげうち社会貢献を惜しまなかった多くの近江商人の活躍こそ、今日の豊かな滋賀県を築き上げた重要な原動力のひとつであったことは疑いがない。

情報誌「Ｄｕｅｔ」第68号（サンライズ出版）より抜粋

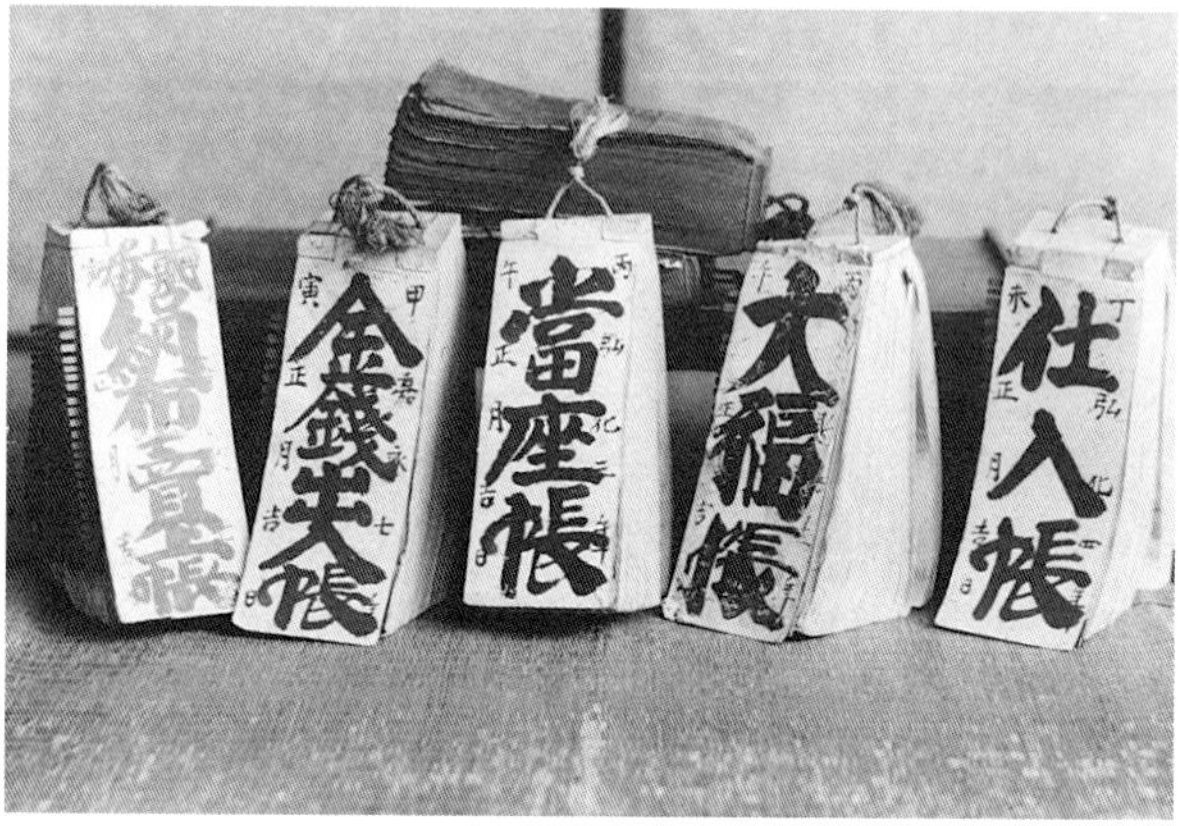

近江商人のベンチャービジネス

「近代商業の基礎をつくった」とか「商社活動の原点」などといわれる近江商人も、江戸時代においては「近江泥棒、伊勢乞食」といわれ、幕藩体制を乱す不道徳者とされていた。実際には近江商人は全国各地で活発な商品流通を行い、各藩の自給自足の封建的経済体制に風穴をあける役割を果たしたといえる。とくに活躍した時代はすでに幕藩体制の危機的な状況の時期で、体制にすがろうとする武士のヒステリックな暴言であろうとされている。

近江の地は交通の要衝という地の利に加えて、戦国時代以降の細分化された領地の存在が、人々の中に政治的境界意識の少ないコスモポリタン的な性格を生み、進取の気性に富んだ商人が誕生してきたといえる。こうした先進的な性格は、商法においてもまた商品開発にも先端を走りベンチャー的ビジネスを展開してきた。

複式簿記の採用

商家の経営帳簿の発達は経営合理主義の到達点を示すもので、中でも重要なのは仕入帳、売帳、金銭出入帳およびこの三帳を総括した大福帳である。日本の商家の帳合法（簿記会計の方法）は17世紀後半に大坂の商人・鴻池《こうのいけ》家で原始的な複式簿記が開発され、18世紀の三井家や中井源左衛門家の決算帳簿では、貸借対照表と損益計算書を含む複式簿記の構造を持ってい

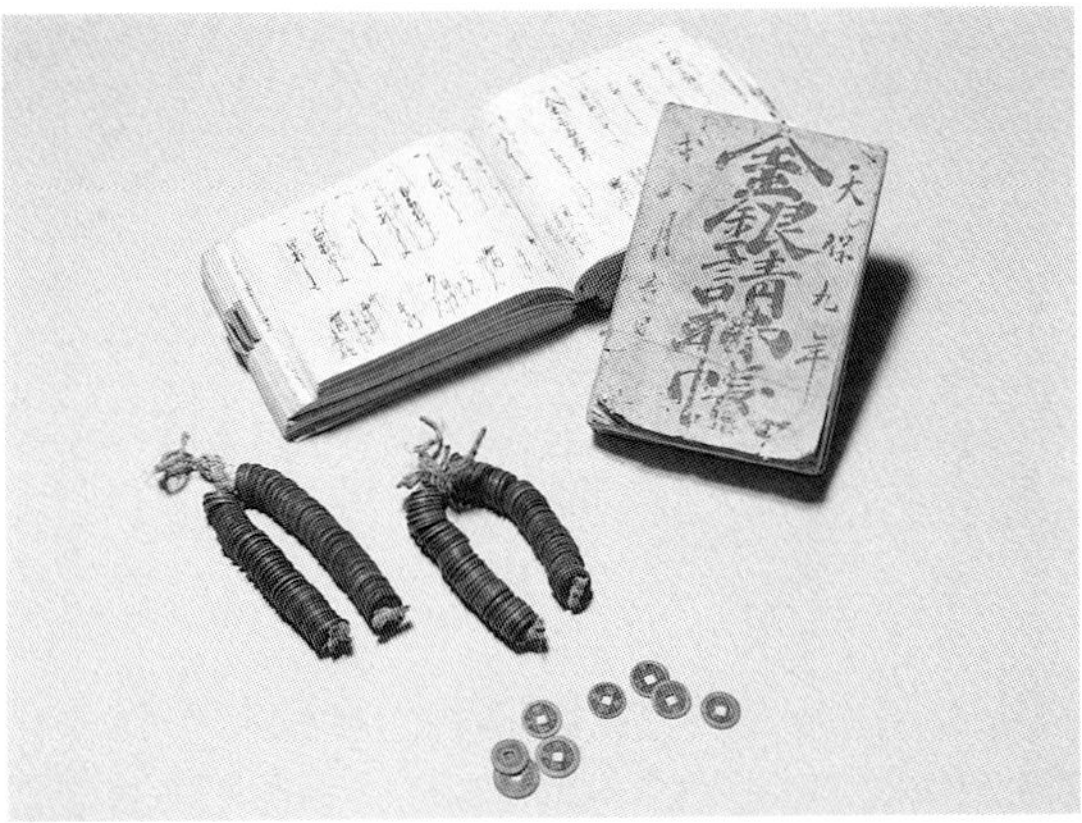

た。延享3年（1746）頃から の中井家の決算では、大福帳を総勘定元帳として毎年店卸帳《たなおろし》を作成。そこでは現在の貸借対照表に相当する計算は、期末資産から期首資産と期末負債を差し引いて当期損益を算出する方法で行われ、損益計算書に相当する計算は当期利益から当期費用を比較して計算し、両方の当期損益が完全に一致するという方法で行われていた。

　出店《でみせ》・枝店《えだみせ》のネットワークを持つ近江商人は取引関係を体系的に記帳しなければならず、その卓越した合理性は西洋の複式簿記の水準に達していた。

乗合商い

　諸国産物回しの商法を適用して特産品の育成をはかり、多大の固定資本を要する醸造業といった事業を拡大するためには、相当の資金が必要となり、資金調達の方法として編み出されたのが乗合《のりあい》商内《あきない》（仲間商内）である。これは合資制度、あるいは合名制度による企業体形成で、パートナーシップに相当する。少ない資本をおぎない、あるいは資本の危険分散をはかり、能力のある者の才能を活用できる合理的な共同企業であった。

　たとえば、北海道松前藩の産物を長崎へ移出するために18世紀の中頃、八幡商人の西川伝治によって組織された乗合商内があり、中井家や八尾喜兵衛家にも乗合商内の出店は多くみられる。稲本利右衛門と西村重郎兵衛が同額出資して創設した大坂の稲西呉服問屋は現存している。

（AKINDO委員会パンフレット「近江商人の商法と理念」より）

西川家のカニ缶と藤野家のサケ缶

北海道の開発で活躍した近江八幡の西川伝右衛門家と豊郷《とよさと》の藤野四郎兵衛家は両家とも北海道の特産品の缶詰製造を始めている。

　全国各地で開催されている北海道の物産展はいずれも盛況で、その一番の人気商品は、カニやサケをはじめとする海産物である。今日では冷凍技術の進歩によってどんな遠隔地でも、新鮮な海産物を食することができるが、江戸時代に近江商人が扱った産物の中にはカニは見当たらない。当時、北海道の産物の多くは燻製《くんせい》や干物として上方や江戸に送られていったが、生が身上のカニは干物や塩乾物に加工することができず、漁師にとっては最も厄介なものであったという。

西川家のカニ缶

　明治の初め、小樽市内で1匹2銭か3銭という安価で売っても、売れ行きはよくなかった。しかし、この安価でしかも味がよいカニに目をつけたのが、西川伝右衛門家最後の当主貞二郎であった。

　日本で最初の「カニ缶」は欧米に輸出して大ヒットし、その時代の様子を西川家の支配人近松文三郎氏は著作『西川貞二郎』

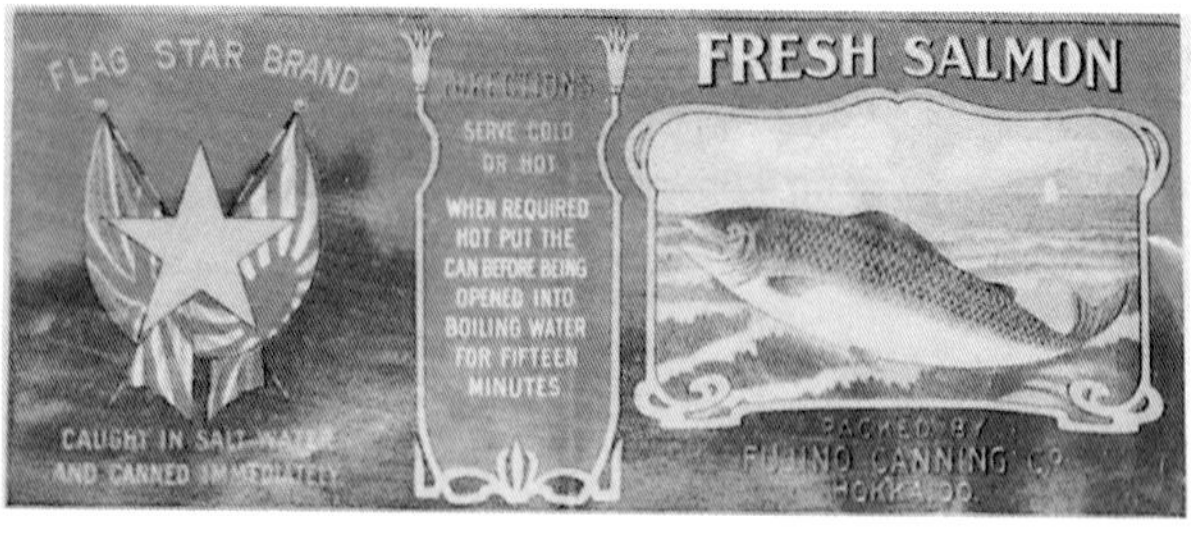

➡豊郷豊会館に残る缶詰のラベル

の中で「現今にては（タラバガニの）輸出額２０００万円以上に上がり、欧米列国一流の料亭、旅館、倶楽部、あるいは上等の家庭、皆争うてこれを賞味し」と感慨ぶかげに記載している。しかし、日本での売れ行きはあまりよくなかった。当時の日本では、缶詰食品への不信感もあったが、なにより缶詰のラベルのカニの図柄の評判がよくなかったのである。

明治19年、貞二郎は近江八幡に缶詰製造工場を設立し、琵琶湖産の水産物や野菜などを缶詰にしたが、なんとしても西川家「中一《なかいち》」の主流はカニ缶であった。

藤野家のサケ缶

この西川家「中一」のカニ缶と双璧をなすのが、北海道の場所請負で資産をなした藤野四郎兵衛家のサケ缶である。

明治20年、２代目藤野四郎兵衛の二子辰次郎は兄から独立分家して、根室の官営缶詰工場の払い下げを受けて、缶詰事業を開始した。明治24年には五陵北辰の「星印」の商標を譲与され信用は倍増した。さらに向上心の旺盛な辰次郎は、海外視察やカナダ製設備の増強や生産システムに改良を加えるなどの積極策で北海道缶詰業界の覇者となった。

その後、辰次郎は衆議院議員となり、他に幾多の事業を展開したが、明治42年に死去。事業継承ができずに、缶詰工場は日魯漁業に譲渡され、藤野の缶詰はあけぼの印缶詰としてその歴史が継承されている。

➡小樽の物産展で再現された西川家

謄写版の発明

平成10年、古代よりの渡来文化の歴史を伝える蒲生《がもう》岡本に「ガリ版伝承館」が開館した。この地の出身で謄写版《とうしゃばん》を発明し実用化に向けた堀井新治郎旧宅が、一部登録文化財の指定を受け、先人の偉業を偲ぶことを目的として改築保存されることとなった。

　蒲生郡岡本村の堀井家は、近江源氏佐々木氏家臣であったが、織田信長に滅ぼされて以後農商に転じ、元文年間（1736〜1741）には関東へ麻布《まふ》の行商を始め、埼玉・栃木で酒・醤油の醸造業の出店を設け、日野大番頭に名を連ねる商人であった。

堀井新治郎

堀井耕造

しかし、明治6年（1873）、出店での盗難や番頭の不正がもとで関東の各出店を閉店するに至り、本家では油屋彦四郎として絞油商を開業した。

　明治16年（1883）に堀井家に入った新治郎は駕《か》輿丁《よちょう》村（竜王）に生まれ、滋賀県勧業員として各地で製茶などの指導をしていた。当時の事務文書の作成が非常に煩雑であったことから、何らかの簡便な処理方法を開発する必要性を痛感していた。こうした時、シカゴの万国博覧会で「エジソンのミメオグラフ」と出会ったことが、謄写版発明のきっかけとなった。

➡明治27年に発明された特許第2499号の第1号機

帰国後は、郷里の土地家財を売却して上京し、新事業に取り組み、苦労の末、染物の置型の捺染法《なっせんほう》にヒントを得て強力な雁《がん》皮《ぴ》紙《し》に蝋《ろう》を塗り、鉄筆で文字や図形を描く方法が完成した。「戸籍謄本」という文字から連想して「謄写版」と命名され、7月には堀井謄写堂を東京神田に設立した。一緒に開発に取り組んだ息子の耕造とともに、祖先たちと同様に、全国に行商して販売を開始した。創業と同時期に勃発した日清戦争も堀井親子にとっては幸運で、陸海軍省は軍事通信上に謄写版は最適と判断し採用された。続く日露戦争はさらに需要を増大させ、販売は海外にまで拡大していった。

今でいうOA機器を開発した堀井親子は多くの特許も取り、機器の開発と同時に講習会の開催などでその技術の伝播にも貢献した。謄写版の仕組みは今も年賀状などに用いられるプリントゴッコなどに受け継がれている。印刷機器としての使命は日本ではコピー機などにとって代わられたといえるが、東南アジアの各国では現在も盛んに利用されている。

➡大正時代の堀井謄写堂

⬆蒲生野の田園に建つ堀井家の旧宅

➡石塔寺の三重石塔
石の三重塔として日本最古最大。周囲には無数の石塔が埋めつくされている。多くの謎に包まれた石塔ではあるが、渡来文化の足跡を示す貴重な文化財。この石塔が縁で、韓国との交流を継続開催している。

◇電車で　ＪＲ近江八幡駅からバス桜川駅下車、乗り換えて石塔口下車、徒歩15分

◇車　で　名神高速竜王ＩＣまたは八日市ＩＣから20分

⬅ガリ版伝承館
明治42年に建てられた堀井家本家の洋館を修復して、堀井新治郎親子の足跡がたどれるとともにガリ版文化に触れることができる。謄写印刷機材や作品が展示され、不定期でガリ版講習会も開催されている。水曜日のみ開館。
☎0748—55—4893（蒲生町教育委員会社会教育課）
◇電車で　JR近江八幡駅からバス岡本下車、徒歩2分
◇車　で　名神高速竜王IC から20分

➡昭和12年、堀井家の寄付によって新築された蒲生西小学校の講堂

世界初の小型ディーゼルエンジンをつくった山岡孫吉

➡小型ディーゼルエンジンの開発に生涯をかけた山岡孫吉

琵琶湖の北、高月町東阿閉《ひがしあつじ》に広がる田園の中にひときわそびえる、ヨーロッパの香り漂う建物は、通称「ヤンマー会館」と呼ばれる。建物の周辺には「ドイツの鐘が鳴る道」が整備されており、平成8年4月にはドイツのアウグスブルクの市長のサインが入った鐘が鳴り始めた。ここが、世界で初めてディーゼルエンジンの小型化に成功した山岡孫吉《まごきち》の出身地であり、ヤンマー会館は彼の郷土へのプレゼントである。

山岡孫吉は、小学校を卒業すると大阪に出て、いくつかの奉公先を変えた後に勤めたガス会社で、はじめてエンジンと出会った。その後ガス発動機の修理を始め、エンジンの仕組みなどの研究に取り組んだ。

新製品は「トンボ」

明治45年「山岡発動機工作所」として独立したが、当時は次第にガス発動機から電気への移行が進み、ガス発動機の会社が次々と倒産するなかで、農村部では電力不足によってガス発動機への依存が高かったことが要因で、次第に会社は大きくなってきた。農村の労働軽減に主眼をおいた山岡の思いが事業の展開へと結び付いていたのである。

➡動力もみすり機の実演の様子

しかし、第一次大戦後の経済不況のあおりで、大正9年には一時会社を閉鎖して郷里にもどり、ガス発動機を石油発動機に改造して農家のもみすり用3馬力石油発動機の開発に取り組んだ。そして3ヶ月足らずの短い期間に新製品を完成させ、豊作の秋にトンボがよく飛ぶことから「トンボ」と名付けた。しかし、既に醤油メーカーが商標登録をしていたため「では、トンボの王様であるヤンマにしよう」と、これが社名のおこりとなった。

新製品は好調に売れだしたが、さらに本場ドイツへ赴いた時に出会ったディーゼルエンジンを小型化できないかと、いっそうの研究を展開した。

農村工場の展開

山岡が小型化にこだわった背景には、当時過酷な農作業の労働の軽減に役立つものの開発への執念があった。研究の成果が実って、昭和8年には小型ディーゼルエンジンが完成。山岡は小型エンジンの発明と同時にその製造工場を郷里に拠点をおいて農村家庭工場を展開した。「百姓の倅《せがれ》だから、百姓が喜ぶものをつくっていく」という信

➡開発した小型ディーゼルエンジン

⬅田園にそびえるドイツゴシック建築のヤンマー会館

念のもとエンジンをますます小型化へと改良を続け、さらに労働力が豊富な郷里での雇用機会を創造していった。昭和30年にはドイツの発明家協会からドイツ人以外としては初めて金牌が授与された。

故郷の繁栄を願い、研究を続けた山岡を「ヤンマーさん」と地元の人は呼んでいる。農家に生まれ、農作業の軽減に生涯研究を続け、さらに故郷の経済基盤の確立を願って経営を実践してきた山岡は、近江商人の真の精神を引き継いだ実業家であるといえる。昭和37年、74歳でこの世を去ったが、豊かな田園にはライトアップされたドイツゴシック建築のヤンマー会館が山岡の偉業を讃えるかのように輝いている。

⬆雨森芳洲国際通りのモニュメント

⬆山岡孫吉顕彰碑

⬆渡岸寺観音堂（向源寺）には国宝十一面観音立像が安置されている。

「観音の里」高月

高月町は観音の里として知られている。渡岸寺《どうがんじ》観音堂（向源寺）に安置されている国宝十一面観音立像は、井上靖の小説『星と祭』で全国にその優雅さが広まった。西野薬師観音堂（充満寺）には十一面観音立像、唐川の赤後寺《しゃくごじ》（唐川日吉神社）の千手観音立像・聖観音立像などが村人の篤い信仰に支えられて守り受け継がれている。また、雨森《あめのもり》には、江戸時代の儒学者で朝鮮外交に尽くした雨森芳洲《ほうしゅう》生家跡に雨森芳洲庵があり、芳洲の遺品や資料などが公開されている。

渡岸寺観音堂（向源寺）を訪ねる

◇電車で　JR高月駅から徒歩10分
◇車　で　北陸自動車道木之本ICから10分

西川甚五郎の商品企画力と販売戦略

萌黄色の蚊帳

　永禄9年（１５６６）を創業とし、約４５０年の間、畳表《たたみおもて》や蚊帳《かや》・布団《ふとん》などを主たる商品として営業を展開してきた近江八幡の西川甚五郎家は、日本最大の寝具メーカーとして関連企業が経済界で活躍している。

　初代西川仁右衛門が天正15年（１５８７）に八幡に店を設けたのが本店山形屋のおこりで、奈良蚊帳を北陸方面に販売したのが後に「蚊帳の西川」といわれる基になった。さらに近江表（畳表）の商売を始め、美濃・尾張へ行商し、ついには江戸日本橋に店を設けるまでになった。

萌黄色の蚊帳の誕生

　仁右衛門の四男の甚五郎が2代目を継いだのは寛永5年（１６２８）で、彼は蚊帳について種々の研究を重ねた。

　蚊帳の起源は『播磨国風土記』によって奈良時代以前であることが確認されており、鎌倉時代の絵巻物『春日権言記』には、白い蚊帳が描かれている。室町・戦国時代になると当時の上層階級の間で蚊帳は、贈答品として用いられるようになった。当時の蚊帳は紗《しゃ》を縫い合わせて作られた淡青色で昼間もたたまずに垂れ下がった分を竿にかけるだけのものであった。近江でも八幡蚊帳が戦国時代から生産され始め、八幡商人によって各地で販売することで、その名が広まっていった。

　蚊帳の材質が紗から麻に変わった時期がいつ頃かははっきりしない。2代目甚五郎が家督を継いだ当時には、麻になっていたが、麻布の生地のまま加工されており、見た目に美しいものではなかったという。この蚊帳をなんとか改良できないものかと研究を重ねていた時、旅の途中に大樹の陰で眠り、目覚めた時に蚊帳の色を萌黄《もえぎ》色にすることを思い立ち、さらに染色を工

➡浮世絵にみる萌黄色の蚊帳

夫して萌黄色の蚊帳が誕生したと伝えられている。

販売戦略にも工夫を

甚五郎の創案した蚊帳は萌黄色とまわりの赤のコントラストが人気を呼び、派手な売り声で江戸市中を販売したこともいっそう拍車をかけて大きな反響があったという。

雨はれて声いや高し蚊帳売り

という、当時の俳句があり、また次のような小唄もある。

一声を東《あずま》の町々に　残してゆくか山ほととぎす　空も青葉のすだれ越し
萌黄の蚊帳や　蚊帳や母衣《ほろ》蚊帳
涼しい風が来るわいな

西川家の畳表や蚊帳を中心とした商いは明治の頃まで大きく変わることはなかった。商品開発と販売戦略に特段の工夫をこらした2代目甚五郎の創意工夫が、西川家の隆盛の基礎を築いたのである。

明治以降、彦根藩の保護によって長浜蚊帳が勢力を持ち、越前でも作られるようになると、近江八幡での生産は衰退に向かい、明治15年には西川家と伴家の2軒となった。しかしながら、11代目甚五郎は製織機50台を有する製織工場を新設。土地の婦女子を採用し、製品の改良に努めた。さらに12代目甚五郎は昭和4年に能登川に蚊帳の一貫製造工場を開設。ここで作られた蚊帳は全国の支店を通じて各地に販売された。このような歴代当主の努力によって寝具の西川の歴史が続いている。

近江へ行く

■近江の旅 便利帖

※掲載データはすべて2004年12月現在

電車で

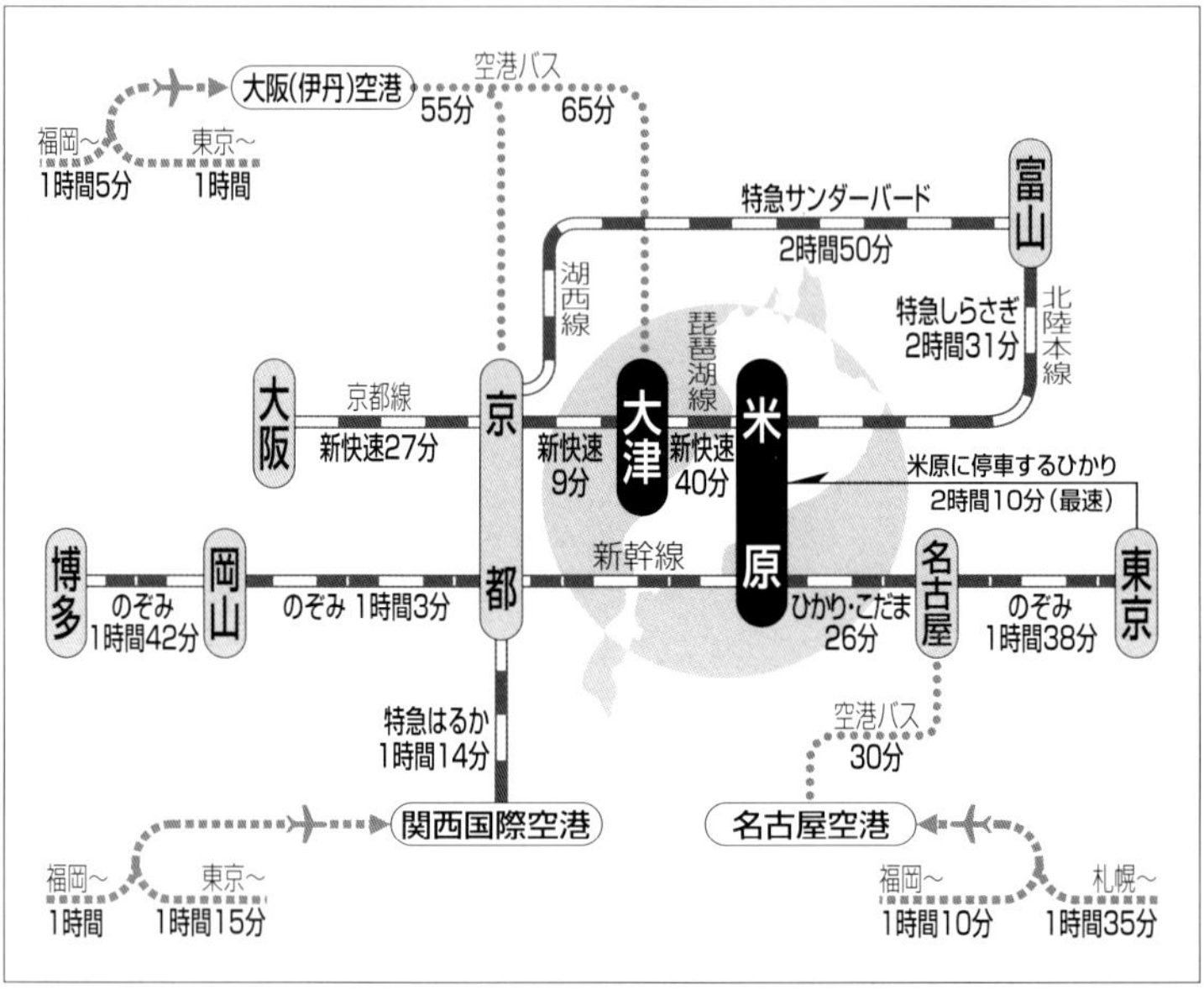

大阪(伊丹)空港
福岡〜
1時間5分
東京〜
1時間
空港バス
55分
65分
特急サンダーバード
2時間50分
富山
湖西線
琵琶湖線
特急しらさぎ
2時間31分
北陸本線
大阪
京都線
新快速27分
京都
大津
新快速
9分
新快速
40分
米原
米原に停車するひかり
2時間10分(最速)
博多
のぞみ
1時間42分
岡山
のぞみ 1時間3分
新幹線
ひかり・こだま
26分
名古屋
のぞみ
1時間38分
東京
特急はるか
1時間14分
空港バス
30分
関西国際空港
名古屋空港
福岡〜
1時間
東京〜
1時間15分
福岡〜
1時間10分
札幌〜
1時間35分

車で

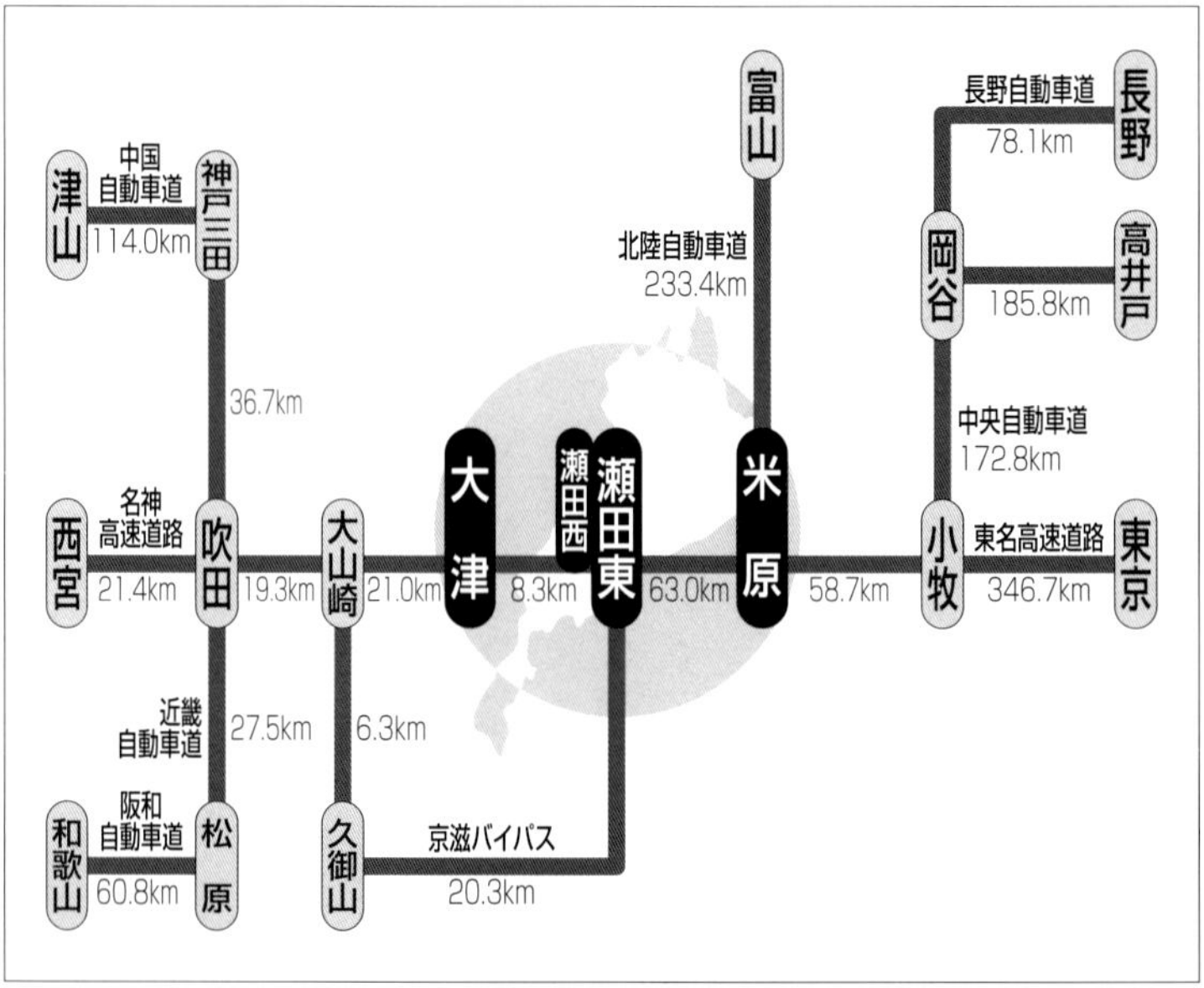

富山
北陸自動車道
233.4km
長野自動車道
長野
78.1km
津山
中国
自動車道
114.0km
神戸三田
岡谷
高井戸
185.8km
36.7km
中央自動車道
172.8km
西宮
名神
高速道路
21.4km
吹田
19.3km
大山崎
21.0km
大津
8.3km
瀬田西
瀬田東
63.0km
米原
58.7km
小牧
東名高速道路
346.7km
東京
近畿
自動車道
27.5km
6.3km
和歌山
阪和
自動車道
60.8km
松原
久御山
京滋バイパス
20.3km

移動する

電車で

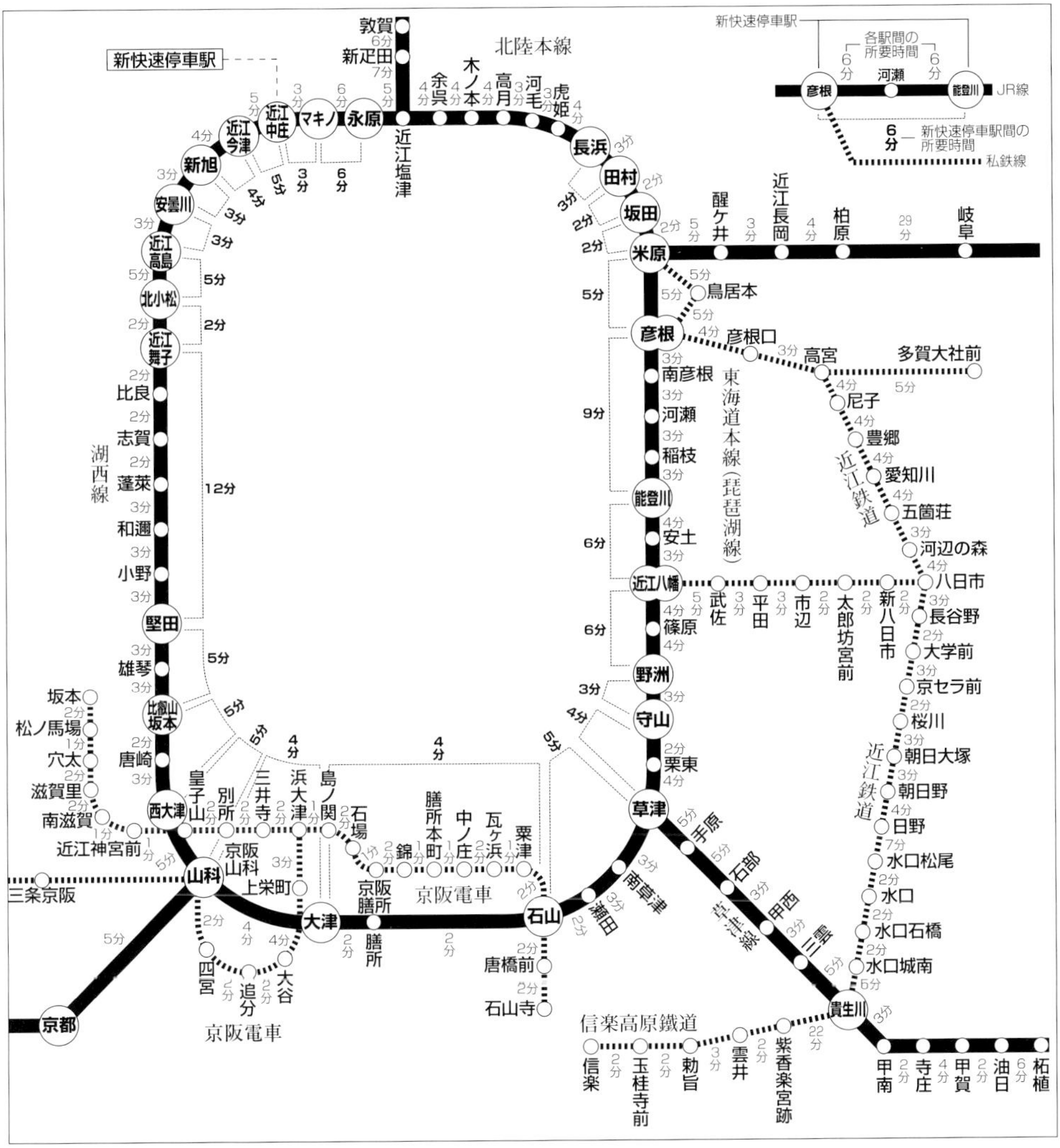

■JR西日本／(問)JR西日本お客様センター℡0570-00-2486（6：00～23：00）

起点・終点は、JR京都駅・米原駅が便利。東海道本線（琵琶湖線）京都—米原—北陸本線長浜間と、湖西線京都—永原間に新快速を運行しているが、長浜—永原間は普通電車のみ。

■京阪電車／(問)京阪電気鉄道 大津運輸部℡077-522-4521

三条京阪—浜大津を結ぶ京津線と、石山寺-坂本を結ぶ石山坂本線がある。沿線観光地への移動に使用。

■近江鉄道／(問)近江鉄道℡0749-22-3303

米原—八日市—貴生川を結ぶ本線と、高宮—多賀大社前を結ぶ多賀線、近江八幡—八日市を結ぶ八日市線がある。沿線観光地への移動に使用。

■信楽高原鐵道／(問)信楽高原鐵道℡0749-22-3301

貴生川—信楽間を運行。JR・近江鉄道貴生川駅から信楽方面への移動に使用。

観光バス

近江鉄道	TEL0749-22-3307
湖国バス	TEL0749-22-1210
京阪バス	TEL075-682-2310
江若交通	TEL077-573-2701
滋賀交通	TEL0748-62-3111
㈱帝産観光バス滋賀	TEL077-565-8171
名阪近鉄バス 伊吹山ドライブウェイ営業部	TEL0584-43-1155

タクシー

大津（大津・瀬田・堅田）	琵琶湖タクシー	TEL077-522-6677
	滋賀ヤサカ自動車	TEL077-522-6767
	汽船タクシー	TEL077-524-4000
	愛交通	TEL077-527-9277
	近江タクシー大津	TEL077-537-0106
	大津タクシー	TEL077-525-8111
	共立タクシー	TEL077-579-2278
湖南（草津・守山・野洲）	帝産タクシー滋賀	TEL077-553-0818
	草津タクシー	TEL077-553-1211
	草津近江タクシー	TEL077-563-0106
	伏見タクシー	TEL077-563-5155
	滋賀京阪タクシー	TEL077-563-1345
	守山タクシー	TEL077-582-2590
	近江タクシー守山	TEL077-582-0106
	光タクシー	TEL077-587-3366
甲賀（湖南・水口・信楽）	滋賀タクシー	TEL0748-62-0159
	草津近江タクシー	TEL0748-63-0106
中部（近江八幡・能登川・八日市）	近江タクシー湖東	TEL0748-37-0106
	滋賀京阪タクシー	TEL0748-37-4000
	滋賀タクシー	TEL0748-37-6615
	長命寺タクシー	TEL0748-32-2198
	八日市タクシー	TEL0748-24-1201
	永源寺タクシー	TEL0748-27-1151
湖東（彦根・愛知・多賀）	彦根近江タクシー	TEL0749-22-0106
	ひこねタクシー	TEL0749-22-4500
	湖城タクシー	TEL0749-26-7777
湖北（米原・長浜・木之本）	さくらタクシー	TEL0749-63-7600
	長浜タクシー	TEL0749-63-6318
	都タクシー	TEL0749-62-3851
	近江タクシー湖北	TEL0749-62-0106
	米原タクシー	TEL0749-52-4723
	伊香交通	TEL0749-82-2135
湖西（高島・今津・マキノ）	汽船タクシー	TEL0740-32-4000
	近江タクシー大津	TEL0740-22-0106

駅レンタカー

大津駅	TEL077-524-7016
草津駅（レンタサイクル駅リンくんあり）	TEL077-565-9052
彦根駅	TEL0749-27-0761
米原駅	TEL0749-52-0800

レンタサイクルで（公的機関取り扱い）

守山市駅前総合案内所	TEL077-514-3765
野洲市観光案内所	TEL077-587-3710
信楽町観光協会	TEL0748-82-2345
信楽高原鐵道	TEL0748-82-3391
五個荘町観光協会	TEL0748-48-2100
近江町観光案内所	TEL0749-63-1691
御旅所レンタサイクル（長浜）	TEL0749-52-5327
JR河毛駅レンタサイクル（湖北）	TEL0749-78-2280
木之本町観光案内所	TEL0749-82-5135
JR余呉駅レンタサイクル	TEL0749-86-2291
JR永原駅コミュニティハウスコティ	TEL0749-89-0281
JR近江塩津駅 海道・あぢかまの宿	TEL0749-88-0989
農山漁村体験交流施設 Rantaの館	TEL0749-89-0350
マキノ町観光協会	TEL0740-28-1188
今津町観光案内所	TEL0740-22-4201
新旭町観光協会	TEL0740-25-6464
安曇川町観光案内所	TEL0740-32-2464
高島観光案内所	TEL0740-36-1314
朽木村観光協会	TEL0740-38-2398

船で

琵琶湖遊覧・竹生島めぐり・多景島めぐり

琵琶湖汽船 Ⓑ	TEL077-524-5000
オーミマリン ◙	TEL0749-22-0619

瀬田川リバークルーズ

レークウエスト観光	TEL077-572-2114

沖島通船

近江八幡観光物産協会	TEL0748-32-7003

水郷めぐり・西の湖観光

近江八幡和船観光協同組合	TEL0748-32-2564
島真珠水郷観光船	TEL0748-32-3527
びわ湖観光	TEL0748-32-2131
まるやま水郷めぐり観光	TEL0748-32-2333
安土町観光協会	TEL0748-46-7201

ケーブル・ロープウェー・ゴンドラで

名称	営業期間・時間	所要時間	問い合わせ先
坂本ケーブル	3/1～ 3/31＝8:00～17:00、 4/1～4/30・9/1～11/30＝8:00～17:30、 5/1～ 8/31＝8:00～18:00 （7/20～8/31の日祝日および8/14～16は18:30）、 12/1～12/31＝8:30～16:30、1/1～2/末＝8:30～17:00 毎時00分発 30分発（多客時は増発）	11分	比叡山鉄道 TEL077-578-0531
びわ湖アルプスゴンドラ	冬（12～3月）＝平日8:00～18:00、土日祝日は営業日により変動あり （1～2月の土曜日6:00～翌18:00）、春～秋（4～11月）＝平日9:00～17:00	8分	びわ湖バレイ TEL077-592-1155
八幡山ロープウェー	9:00～17:00（季節・行事により随時延長）	4分	八幡山ロープウェー TEL0748-32-0303
伊吹山ゴンドラ	スキーシーズン＝平日8:00～18:00、土日祝日7:00～18:00、 グリーンシーズン＝9:00～17:00（点検のため運休あり）	5分	伊吹高原ホテル TEL0749-58-0303
箱館山ゴンドラ	スキーシーズン＝平日8:00～17:00、土曜日5:00～17:00（12/23～3/13）、 スキーシーズン以外＝9:00～17:00（点検のため運休あり）	4分	箱館山スキー場 TEL0740-22-2486
賤ヶ岳リフト	4月上旬～11月下旬＝9:00～17:00	6分	賤ヶ岳リフト TEL0749-82-3009

移動する

車で

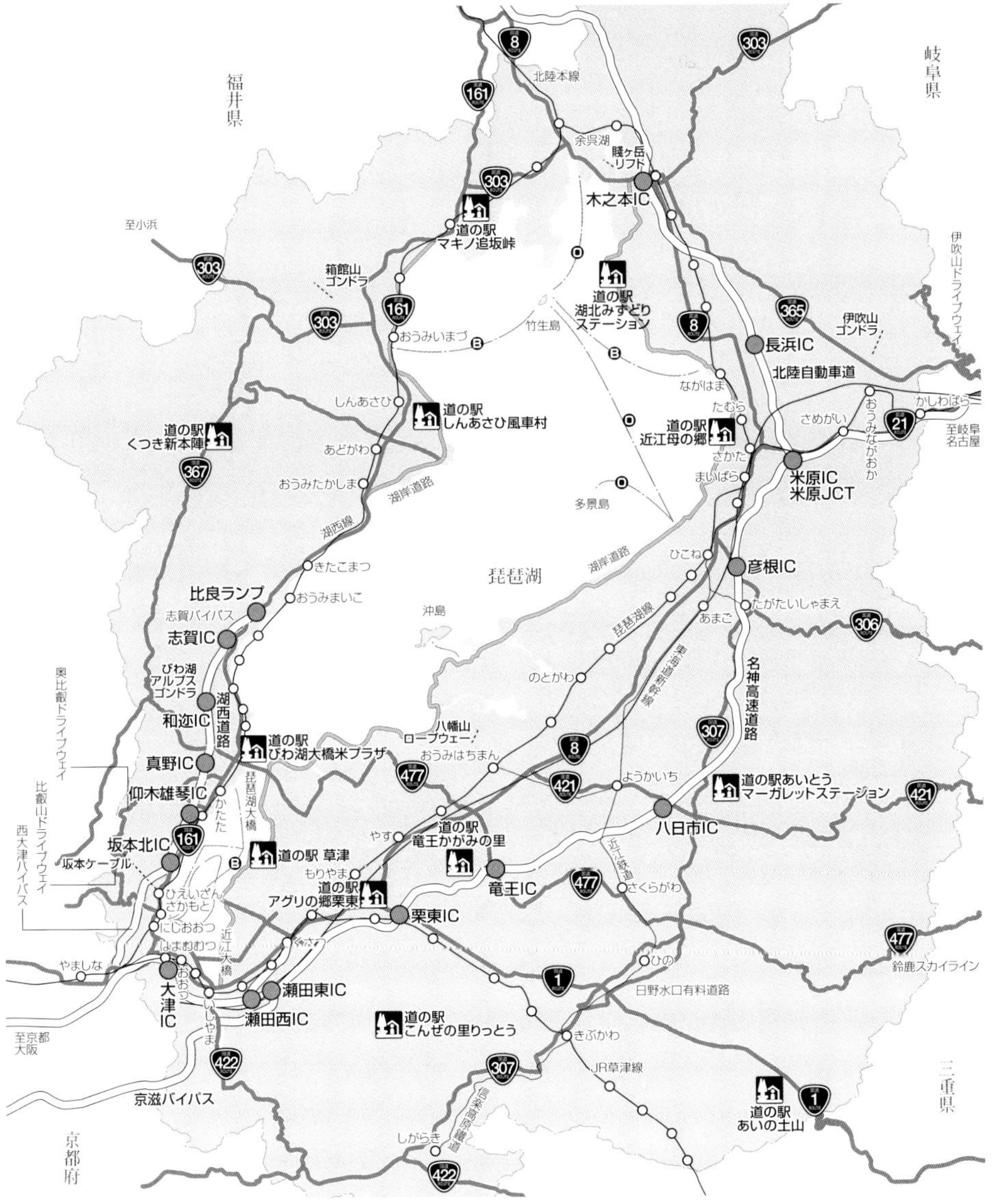

道の駅

びわ湖大橋米プラザ	TEL 077-572-0504	竜王かがみの里	TEL 0748-58-8700
草津	TEL 077-568-3610	あいとうマーガレットステーション	TEL 0749-46-1110
アグリの郷栗東	TEL 077-554-7621	近江母の郷	TEL 0749-52-5177
こんぜの里りっとう	TEL 077-558-3858	湖北みずどりステーション	TEL 0749-79-8060
あいの土山	TEL 0748-66-1244	マキノ追坂峠	TEL 0740-28-8081

湖北	尾上温泉紅鮎	16室	80人	TEL0749-79-0315
木之本	想古亭げんない	9室	30人	TEL0749-82-4127
	清泉閣	10室	35人	TEL0749-82-2233
西浅井	福島屋	7室	20人	TEL0749-89-0551

県西部

所在地	施設名	部屋数	定員	電話番号
高島	恵美寿荘	12室	60人	TEL0740-36-0012
	長浜屋	6室	25人	TEL0740-36-1539
今津	今津サンブリッジホテル	55室	150人	TEL0740-22-6666
安曇川	白浜荘	53室	355人	TEL0740-32-0451
マキノ	ホテル マザーレイク亜樹奈	25室	90人	TEL0740-28-0011
	奥琵琶湖 マキノプリンスホテル	60室	120人	TEL0740-28-1111

国民宿舎に

所在地	施設名	部屋数	定員	電話番号
大津	ビューロッジ琵琶	18室	70人	TEL077-572-1317
甲賀	かもしか荘	18室	112人	TEL0748-69-0344
秦荘	金剛輪寺荘	17室	119人	TEL0749-37-3521
長浜	豊公荘	18室	80人	TEL0749-62-0144
余呉	余呉湖荘	16室	80人	TEL0749-86-2480
西浅井	つづらお荘	29室	120人	TEL0749-89-0350

公営の宿泊施設に

所在地	施設名	部屋数	定員	電話番号
大津	KKRホテルびわこ	27室	85人	TEL077-578-2020
	のぞみ荘	8室	42人	TEL077-522-3704
	ホテルピアザびわ湖	70室	110人	TEL077-527-6333
	滋賀県青年会館	19室	110人	TEL077-537-2753
	リバーヒル大石	16室	95人	TEL077-546-4110
栗東	こんぜの里 森遊館	10室	65人	TEL077-558-0600
	こんぜの里 バンガロー村	9室	45人	TEL077-558-0908
野洲	近江富士 花緑公園ふるさと館	6室	23人	TEL077-586-1930
甲賀	グリーンヒル・サントピア	12室	48人	TEL0748-63-2950
近江八幡	ウェルサンピア滋賀 (滋賀厚生年金休暇センター)	54室	151人	TEL0748-32-3221
日野	畜産体験宿泊施設 まきばの館レーベン	20室	40人	TEL0748-52-5525
彦根	かんぽの宿 彦根	41室	152人	TEL0749-22-8090
山東	グリーンパーク山東(鴨池荘)	9室	42人	TEL0749-55-3751
長浜	長浜ドーム 宿泊研修館	13室	54人	TEL0749-64-2880
	長浜市サイクリング ターミナル	15室	80人	TEL0749-63-9285
	国際交流ハウスGEO	6室	20人	TEL0749-63-4400
木之本	己高庵	11室	54人	TEL0749-82-6020
	大見いこいの広場	18室	76人	TEL0749-82-2500
余呉	ウッディパル余呉	11室	90人	TEL0749-86-4145
	余呉町文化交流センター	10室	50人	TEL0749-86-4145
今津	家族旅行村 ビラデスト今津(森の交流館)	15室	55人	TEL0740-22-6868
高島	憩いの里湖西	16室	57人	TEL0740-36-2345
	びわ湖青少年の家	24室	150人	TEL0740-36-1108
朽木	グリーンパーク想い出の森 (山荘くつき)	34室	70人	TEL0740-38-2770

ユースホステルに

所在地	施設名	電話番号
大津	ユースホステル西教寺	TEL077-578-0013
志賀	ユースホステル和邇浜青年会館	TEL077-594-0244
野洲	近江希望が丘ユースホステル	TEL077-587-2201
近江八幡	近江八幡ユースホステル	TEL0748-32-2938

民宿に

所在地	戸　数	電話番号
志賀	53戸	TEL077-592-0378(志賀町観光協会)
近江八幡	長命寺 3戸 沖　島 2戸	TEL0748-32-7003(近江八幡観光物産協会)
伊吹	山麓 16戸 ゲレンデ 4戸 奥伊吹 3戸	TEL0749-58-1121(伊吹町観光協会)
余呉	6戸	TEL0749-86-3085(余呉町観光協会)
西浅井	5戸	TEL0749-89-1121(西浅井町観光協会)
マキノ	25戸	TEL0740-28-1188(マキノ町観光協会)
今津	18戸	TEL0740-22-2108(今津町観光協会)

泊まる

ホテル・旅館に

政府登録国際観光ホテル・旅館、日本ホテル協会会員、国際観光旅館連盟会員、日本観光旅館連盟会員、JRグループ、JTB、近畿日本ツーリスト・日本旅行・東急観光協定、びわこビジターズビューロー会員のいずれかのホテル・旅館等

県南部

所在地	施設名	部屋数	定員	電話番号
大津駅	琵琶湖ホテル	171室	486人	TEL077-524-7111
	旅亭紅葉	175室	850人	TEL077-524-8111
	八景館	30室	150人	TEL077-523-1633
	アヤハレークサイドホテル	49室	279人	TEL077-524-2321
	ホテルピアザびわ湖	70室	110人	TEL077-527-6333
	植木屋	11室	32人	TEL077-524-2562
	大津プリンスホテル	540室	1140人	TEL077-521-1111
	円満院	20室	200人	TEL077-522-3690
	ホテルブルーレーク大津	95室	130人	TEL077-524-0200
	大津シャンピアホテル	131室	172人	TEL077-527-6711
	シティーホテルDIC	29室	40人	TEL077-525-6123
延暦寺	延暦寺会館（2005年夏リニューアル）			TEL077-578-0047
石山	松乃荘	14室	60人	TEL077-537-0069
	月乃家	18室	70人	TEL077-537-1058
	あみ定	20室	120人	TEL077-537-1780
	菩提樹	12室	30人	TEL077-537-1187
	松葉家旅館	11室	50人	TEL077-537-2045
	唐橋旅館	9室	40人	TEL077-537-1002
	びわこ石山ホテル	69室	100人	TEL077-533-0660
南郷	二葉屋	11室	45人	TEL077-537-1255
瀬田	臨湖庵	25室	132人	TEL077-545-4128
	ロイヤルオークホテル	191室	408人	TEL077-543-0111
	瀬田アーバンホテル	89室	119人	TEL077-543-6111
	ホテルニューサイチ	112室	130人	TEL077-543-2511
雄琴温泉	びわ湖花街道	43室	226人	TEL077-578-1075
	暖灯館 きくのや	34室	200人	TEL077-570-1281
	湯元舘	75室	400人	TEL077-578-1520
	里湯昔話雄山荘	115室	603人	TEL077-578-1144
	雄琴荘	13室	55人	TEL077-578-1390
	琵琶湖グランドホテル	160室	900人	TEL077-579-2111
	京近江	44室	330人	TEL077-577-2211
	えり清	10室	35人	TEL077-578-1396
	びわこ緑水亭	48室	260人	TEL077-577-2222
志賀	近江舞子ホテル	20室	79人	TEL077-596-1010
	ホテル琵琶レイクオーツカ	24室	124人	TEL077-596-1711
	ホテルびわ湖アルプス山荘	29室	100人	TEL077-592-1500
草津	びわこの千松	23室	115人	TEL077-565-8800
	クサツエストピアホテル	73室	100人	TEL077-566-3333
	ホテルボストンプラザ草津	122室	142人	TEL077-561-3311
	アーバンホテル草津	113室	128人	TEL077-567-0606
守山	琵琶湖リゾートクラブ	85室	320人	TEL077-585-1000
	ラフォーレ琵琶湖	273室	930人	TEL077-585-3811
	ホテル琵琶湖プラザ	135室	500人	TEL077-585-4111
甲賀	ペンション紫香楽	10室	47人	TEL0748-82-1109
	小川亭	10室	40人	TEL0748-82-0008
	水口センチュリーホテル	110室	123人	TEL0748-63-2811
	宮乃温泉	15室	53人	TEL0748-86-2212
	塩野温泉	9室	40人	TEL0748-86-2130

県東部

所在地	施設名	部屋数	定員	電話番号
近江八幡	ホテルニューオウミ	85室	122人	TEL0748-36-6666
	休暇村近江八幡	95室	425人	TEL0748-32-3138
	ウェルサンピア滋賀（滋賀厚生年金休暇センター）	54室	151人	TEL0748-32-3221
	兆楽観光ホテル	10室	50人	TEL0748-32-3201
八日市	いたや	12室	34人	TEL0748-22-0047
日野	畜産体験宿泊施設まきばの館レーベン	20室	40人	TEL0748-52-5525
彦根	彦根プリンスホテル	102室	240人	TEL0749-26-1111
	彦根キャッスルホテル	55室	78人	TEL0749-21-2001
	グランドデュークホテル	45室	70人	TEL0749-24-1112
	ホテルサンルート彦根	72室	110人	TEL0749-26-0123
	彦根びわこホテル	36室	66人	TEL0749-24-8000
	ホテルサザンビレッジ	52室	64人	TEL0749-22-5555
	琵琶湖コンファレンスセンター	46室	94人	TEL0749-43-3000
	料亭旅館　やす井	15室	50人	TEL0749-22-4670
	料理旅館　八景亭	5室	20人	TEL0749-22-3117
	料理旅館　双葉荘	19室	100人	TEL0749-22-2667
多賀	かぎ楼	11室	40人	TEL0749-48-1003
湖東	クレフィール湖東	66室	128人	TEL0749-45-3880

県北部

所在地	施設名	部屋数	定員	電話番号
伊吹	伊吹高原ホテル	11室	32人	TEL0749-58-0303
	伊吹高原荘	21室	120人	TEL0749-58-0170
長浜	浜湖月	13室	80人	TEL0749-62-1111
	長浜市サイクリングターミナル	15室	80人	TEL0749-63-9285
	北ビワコホテルグラツィエ	82室	217人	TEL0749-62-7777
	千茂登	7室	20人	TEL0749-62-6060
	グリーンホテルYes長浜	119室	134人	TEL0749-65-8080
	長浜ロイヤルホテル	366室	1067人	TEL0749-64-2000
浅井	須賀谷温泉	21室	131人	TEL0749-74-2235
虎姫	魚作楼	13室	36人	TEL0749-73-3031

憩う

温泉・入浴施設で

県南部

所在地	施設名	日帰り入浴の可否、料金など	電話番号
大津	雄琴温泉♨	旅館によっては可	TEL077-578-1650（雄琴温泉観光協会）
	びわ湖温泉♨	食事の場合、可	TEL077-524-8111（旅亭紅葉）
	石山温泉♨	旅館によっては可	TEL077-537-1105（石山南郷温泉利用組合協議会）
	南郷温泉♨	旅館によっては可	TEL077-537-1255（南郷温泉二葉屋）
志賀	虹乃湯温泉♨	日帰り可 1,000円	TEL077-592-1156（びわ湖アルプス山荘虹乃湯）
	比良とぴあ♨	日帰りのみ 500円	TEL077-596-8388
湖南	十二坊温泉ゆらら♨	日帰りのみ 600円	TEL0748-72-8211
甲賀	かもしか温泉♨	日帰り可 500円	TEL0748-69-0344（国民宿舎かもしか荘）
	花風香の湯	日帰りのみ 800円	TEL0748-88-7000
	塩野温泉♨	食事の場合、可	TEL0748-86-2130
	宮乃温泉♨	日帰り可 800円	TEL0748-86-2212
	信楽温泉 多羅尾乃湯♨	日帰り可 1,000円	TEL0748-85-0250（ホテルレイクヴィラ）

県東部

所在地	施設名	日帰り入浴の可否、料金など	電話番号
近江八幡	宮ヶ浜の湯♨	日帰り可 700円 （休業：水曜日・夏休み・年末年始）	TEL0748-32-3138（休暇村近江八幡）
愛東	近江温泉♨	日帰り可 700円	TEL0749-46-1201（近江温泉 湖東ホテル）
彦根	千乃松原温泉♨	日帰り可 800円	TEL0749-22-8090（かんぽの宿 彦根）

県北部

所在地	施設名	日帰り入浴の可否、料金など	電話番号
伊吹	ジョイいぶき （伊吹薬草の里文化センター）	日帰りのみ 300円	TEL0749-58-1121
長浜	長浜太閤温泉♨	日帰り可	TEL0749-62-4111（長浜観光協会）
浅井	須賀谷温泉♨	日帰り可 800円 タオル持参	TEL0749-74-2235
湖北	尾上温泉 紅鮎♨	食事の場合、可 食事：6,000円〜、別途入浴料：750円	TEL0749-79-0315
高月	北近江の湯♨	日帰りのみ 平日900円 土日祝日1,200円	TEL0749-85-8888（北近江リゾート）
木之本	己高庵	日帰り可 400円	TEL0749-82-6020
	しずがたけ光明石温泉♨	日帰り可 1,000円 貸切（要予約）	TEL0749-82-4127（想古亭げんない）
	奥びわこ天然石温泉♨	日帰り可 月〜木：500円 金土日祝日：700円	TEL0749-82-2233（清泉閣）
西浅井	Rantaの館	日帰りのみ 300円	TEL0749-89-0350

県西部

所在地	施設名	日帰り入浴の可否、料金など	電話番号
安曇川	宝船温泉♨	日帰り可 600円	TEL0740-32-1293（湯元ことぶき）
マキノ	白谷温泉♨	八王子荘のみ可 350円	TEL0740-27-0085（八王子荘）
	マキノ高原温泉さらさ♨	日帰りのみ 600円	TEL0740-27-8126
朽木	くつき温泉てんくう♨	日帰り可 600円	TEL0740-38-2770（グリーンパーク想い出の森）

※♨は天然温泉

観光案内

県全域で

びわこビジターズビューロー	TEL077-511-1530
淡海観光ボランティアガイド連絡協議会	TEL077-528-3741

県内各地で

県南部

びわ湖大津観光協会	TEL077-528-2772
志賀町観光協会	TEL077-592-0378
草津市観光物産協会	TEL077-566-3219
栗東市観光協会	TEL077-551-0126
守山市観光協会	TEL077-582-1131
野洲市観光物産協会	TEL077-589-6316
石部町観光協会(湖南)	TEL0748-71-2331
甲西地域観光物産協会(湖南)	TEL0748-71-2331
信楽町観光協会(甲賀)	TEL0748-82-2345
甲南町観光協会(甲賀)	TEL0748-86-8016
甲賀町観光協会(甲賀)	TEL0748-88-4101
水口町観光協会(甲賀)	TEL0748-63-4086
土山町観光協会(甲賀)	TEL0748-66-1101

県東部

近江八幡観光物産協会	TEL0748-32-7003
安土町観光協会	TEL0748-46-7201
五個荘町観光協会	TEL0748-48-2100
能登川町観光協会	TEL0748-42-9913
八日市市観光協会	TEL0748-24-5662
蒲生町観光協会	TEL0748-55-4885
日野観光協会	TEL0748-52-6577
竜王町観光協会	TEL0748-58-3715
永源寺町観光協会	TEL0748-27-0444
彦根観光協会	TEL0749-23-0001
多賀町観光協会	TEL0749-48-2361
豊郷町観光協会	TEL0749-35-8114
甲良町観光協会	TEL0749-38-5069
愛知川町観光協会	TEL0749-42-7693
秦荘町観光協会	TEL0749-37-8059
湖東町観光協会	TEL0749-45-3706
愛東町観光協会	TEL0749-46-2264

県北部

米原町観光協会	TEL0749-52-1551
山東町観光協会	TEL0749-55-8105
伊吹町観光協会	TEL0749-58-1121
近江町観光協会	TEL0749-52-3111
長浜観光協会	TEL0749-62-4111
虎姫町観光協会	TEL0749-73-4850
浅井町観光協会	TEL0749-74-4357
びわ町観光協会	TEL0749-72-5252
湖北町観光協会	TEL0749-78-8305
高月町観光協会	TEL0749-85-6405
木之本町観光協会	TEL0749-82-5909
余呉町観光協会	TEL0749-86-3085
西浅井町観光協会	TEL0749-89-1121

県西部

マキノ町観光協会(高島)	TEL0740-28-1188
今津町観光協会(高島)	TEL0740-22-2108
新旭町観光協会(高島)	TEL0740-25-6464
安曇川町観光協会(高島)	TEL0740-32-1002
高島観光協会(高島)	TEL0740-36-8135
朽木村観光協会(高島)	TEL0740-38-2398

近江 旅の本

近江の旅にあなたは何を求めますか。

自然、歴史、文化、そして人も、
近江に派手さはありません。

でも、近江には“本物”が着飾ることなく
じっとたたずんで待っています。

のんびり、ゆったり、じっくりと、
憩い、学び、感じ、心うるおすことができる旅。

近江で、あなたはどんな旅をしますか。

執　　筆：渕上清二・岩根順子
撮　　影：辻村耕司
装　　幀：髙橋　守（Qve）
協　　力：びわこビジターズビューロー、県内各地観光（物産）協会、近江商人関連施設、近江八幡市立図書館、ガリ版伝承館、円満寺、各交通業社

本書は、滋賀県AKINDO委員会編「近江商人のふるさとを歩く」を改稿・改題したものです。

近江 旅の本
近江の商人屋敷と旧街道

2005年1月20日　初版第1刷発行

編　集　　NPO法人三方よし研究所
発行者　　岩　根　順　子
発行所　　サ　ン　ラ　イ　ズ　出　版
〒522－0004
滋賀県彦根市鳥居本町655－1
TEL　0749－22－0627
FAX　0749－23－7720

印刷·製本　P － N E T 信 州

ISBN4-88325-265-5